# 英語で聞く
# 世界を変えた女性のことば

日英対訳

ニーナ・ウェグナー

訳：北村 みちよ
背景解説：山久瀬 洋二
英語解説：出水田 隆文

IBCパブリッシング

装　　幀 = 石浜 寿根
カバー写真 = ロイター/アフロ
本文写真 = 共同通信社
ナレーション = Carolyn Miller

# はじめに

　女性が本格的に社会に進出しはじめたのは、60年代になってからだといわれています。たとえば、旧ソ連などの共産主義社会では、世の中の階級を排除するという意図から、60年代以前から、職場に女性の姿をみることは珍しいことではありませんでした。しかし、同じように社会主義体制の中で女性が働くことを奨励した中国ですら、一人っ子政策の中で、男の子を持つことにこだわる人々の様子が取材されたことは古い記憶ではありません。

　民族学的に、あるいは古代の部族社会の中で、女性が崇拝された一時期を除いて、より筋力があり、農耕や狩猟に適している男性が外を担い、子孫を残すことに直接関係のある女性が子育てなど家の内を担う風習が長年、人類に定着したのでした。日本では、文字通り妻のことを「家内」と呼ぶ習慣があることからも、この背景は容易に理解できると思います。

　社会の進化で、男女のこうした関係に本格的な変化が顕著になったのが60年代で、人々の平等の概念が拡大したときだったのです。しかし、今なお、男女の格差が完全に解消されたかといえば、それは否です。子育てや家事は女性、仕事は男のものという発想は、平等の精神がかなり浸透したアメリカなどでも、未だに人々の心に深い影響をあたえる考え方になっています。

　ここに紹介する女性たちは、そうした人類の長い通念と様々な分野で闘い、あるいはそれとは距離をおいたところで社会貢献をしてきた人々です。イスラム社会の中で女性が教育を受ける権利を主張する少女マララ・ユスフザイから、貧しい人々を救済することに一生をかけたマザー・テレサまで、現代を生き、さらに未来への橋渡しになる女

性たちの生涯を英語と日本語のバイリンガルで読むことは、人類全ての課題である「自由と平等」のテーマにメスをいれ、それを語ることのできる国際人になるためにも、グローバルな環境で英語でのコミュニケーションを促進するためにも、きっと役立つはずです。英語の勉強の向こうにある、世界との交流のノウハウや世界の常識を習得するためにも、ぜひ本書を活用していただければ幸いです。

2013年　山久瀬　洋二

---

**本書の使い方**

本書では世界を変えた6人の女性のスピーチを取り上げています。

1) 6人の女性によるスピーチやインタビューからの抜粋（原文と日本語訳）
2) 英日対訳によるスピーカーの生い立ちや背景の説明
3) 注意すべき英単語、役立つ英語表現の解説（出水田隆文）
4) スピーチの文化背景や歴史、その国の政治の解説（山久瀬洋二）

付属のCDには、それぞれのスピーチの抜粋（原文の明らかな英語的な間違いはただしてありますが、極力、原文の雰囲気を残してあります）を英語のネイティブスピーカーが読み上げたものが収録されています。本文を読み、スピーチの背景や、話し手の気持ちが理解できたら、このCDを何度も繰り返し声に出して練習してください。声に出すことで、スピーチそのものの味わいや奥深さをとらえることができ、「英語を感じ、英語で考える」力がつきます。本書を徹底的に使って、英語スピーチの実践練習に取り組んでみてください。

## 目 次

**7** **Malala Yousafzai,**
Activist for Education and Women's Rights

マララ・ユスフザイ 教育と女性の権利を訴える活動家

**47** **Aung San Suu Kyi,**
Chairperson and General Secretary of the
National League for Democracy

アウンサンスーチー ビルマ国民民主連盟議長兼書記長

**73** **Mother Teresa,**
Blessed Teresa of Calcutta, M.C., Founder of
Missionaries of Charity

マザー・テレサ 福者コルカタのテレサ、神の愛の宣教者、
「神の愛の宣教者会」創設者

**95** **Sadako Ogata,**
United Nations High Commissioner for Refugees

緒方貞子 国連難民高等弁務官

**119** **Hillary Rodham Clinton,**
U.S. Secretary of State

ヒラリー・クリントン 米国務長官

**147** **Margaret Thatcher,**
Prime Minister of the United Kingdom

マーガレット・サッチャー 英国首相

# *Malala Yousafzai,*
## Activist for Education and Women's Rights

## マララ・ユスフザイ
### 教育と女性の権利を訴える活動家

# Excerpts from Malala Yousafzai's United Nations speech
## given in New York on July 12, 2013

Dear Friends, on the 9th of October 2012, the Taliban shot me on the left side of my forehead. They shot my friends too. They thought that the bullets would silence us. But they failed. And then, [1]out of that silence came thousands of voices. The terrorists thought that they would change our aims and stop our ambitions but nothing changed in my life except this: Weakness, fear, and hopelessness died. Strength, power, and courage were born. I am the same Malala. My ambitions are the same. My hopes are the same. My dreams are the same.

Dear sisters and brothers, I am not against anyone. Neither am I here to speak in terms of personal revenge against the Taliban or any other terrorist group. I am here to speak up for the right of education of every child. I want education for the sons and daughters of all the extremists, especially the Taliban.

*(1) →see page 36*

# マララ・ユスフザイの国連演説からの抜粋

## 2013年7月12日　ニューヨークにて

　親愛なるみなさん、2012年10月9日、タリバンは私の額の左側を銃で撃ちました。友人も撃ちました。銃弾で私たちを黙らせようとタリバンは考えたのです。でも失敗しました。そしてあの沈黙からものすごくたくさんの声が上がりました。テロリストたちは、私たちの志を変え、野望をくじくことができると思っていました。でも私の人生で変わったのは、これから言うことだけです。弱さや恐れ、絶望が消え去りました。代わりに、強さ、力、勇気が生まれたのです。私は今も、以前の「マララ」のままです。私の野望も、願いも、夢もそのままです。

　親愛なる少女、少年のみなさん、私は誰かに抵抗しているわけではありません。ここで話すにあたって、タリバンや他のテロリスト集団に個人的な復讐心を抱いているわけでもありません。こうしてお話ししているのは、子供たちみんなの教育を受ける権利について訴えるためです。すべての過激派、特にタリバンの息子や娘にも教育を受けてほしいと願っています。

---

**WORDS & PHRASES**

■bullet 名銃弾　■in terms of 〜に関して　■speak up はっきりと言う
■extremist 名過激派

Excerpts from Malala Yousafzai's United Nations speech given in New York on July 12, 2013

I do not even hate the Talib who shot me. Even if there is a gun in my hand and he stands in front of me, I would not shoot him. This is the compassion that I have learnt from Muhammad—the prophet of mercy, Jesus Christ, and Lord Buddha. This is the legacy of change that I have inherited from Martin Luther King, Nelson Mandela, and Muhammad Ali Jinnah. This is the philosophy of non-violence that I have learnt from Gandhi Jee, Bacha Khan, and Mother Teresa. And this is the forgiveness that I have learnt from my mother and father. This is what my soul is telling me: be peaceful and love everyone.

The wise saying, "The pen is mightier than the sword" was true. The extremists are afraid of books and pens. The power of education frightens them. They are afraid of women. The power of the voice of women frightens them. And that is why they killed 14 innocent medical students in the recent attack in Quetta. And that is why they killed many female teachers and polio workers in Khyber Pukhtoon Khwa and FATA. That is why they are blasting schools every day. [(2)]Because they were and they are afraid of change, afraid of the equality that we will bring into our society.

銃で私を撃ったタリバン兵士のことを、私は憎んですらいません。この手で銃を握り、彼の前に立ったとしても、彼を撃とうとは思いません。これは、私が慈悲深い預言者のムハンマド、イエス・キリスト、ブッダから学んできた慈悲の心です。マーティン・ルーサー・キング、ネルソン・マンデラ、ムハンマド・アリー・ジンナーから受け継いできた、変革という財産です。ガンジー、バシャ・カーン、マザー・テレサから学んできた非暴力という哲学です。そして、両親から学んできた寛容さです。わが魂が私に語りかけているのです。「穏やかでいなさい。万人を愛しなさい」と。

　「ペンは剣よりも強し」ということわざがありますが、それは真実です。過激派は本とペンを恐れています。教育の力が怖いのです。女性も恐れています。女性の声の力が怖いのです。ですから彼らは、先日のクエッタでの攻撃で14人の罪のない医学生を殺害しました。カイバル・パクトゥンクワやFATA（連邦直轄部族地域）にいる多くの女性教師や、ポリオ予防の接種をして回っていた人たちも殺害しました。ですから、毎日学校を爆撃しています。それというのも、彼らが昔も今も変わらず、私たちが社会にもたらそうとしている変化や平等を恐れているからです。

---

**WORDS & PHRASES**

■compassion 名 思いやり、慈悲心　■prophet 名 預言者　■mercy 名 慈悲
■mighty 形 強力な　■blast 動 〜を爆破する

Excerpts from Malala Yousafzai's United Nations speech given in New York on July 12, 2013

Honourable Secretary General, peace is necessary for education. In many parts of the world, especially Pakistan and Afghanistan, terrorism, wars, and conflicts stop children to go to their schools. We are really tired of these wars. Women and children are suffering in many parts of the world in many ways. In India, innocent and poor children are victims of child labor. Many schools have been destroyed in Nigeria. People in Afghanistan have been affected by the hurdles of extremism for decades. Young girls have to do domestic child labor and are forced to get married at an early age. Poverty, ignorance, injustice, racism, and the deprivation of basic rights are the main problems faced by both men and women.

Dear fellows, today I am focusing on women's rights and girls' education because they are suffering the most.

## マララ・ユスフザイ

　尊敬する事務総長さま、教育には平和が必要です。世界の多くの地域で、特にパキスタンとアフガニスタンでは、テロや戦争や紛争のせいで、子供たちが学校に通えません。こうした戦争にはもううんざりです。女性と子供たちは、世界の多くの地域で、さまざまな苦しみを抱えています。インドでは、罪のない貧しい子供たちが児童労働の犠牲者になっています。ナイジェリアでは、多くの学校が破壊されてきました。アフガニスタンの人たちは何十年ものあいだ、過激派に苦しめられてきました。幼い少女たちは家事労働や、早婚を強いられています。貧困、無学、不正、人種差別、基本的権利の剥奪は、男女ともに直面している一番重要な問題です。

　親愛なる仲間のみなさん、本日、私は女性の権利と女子の教育という点に絞ってお話ししていますが、なぜなら、もっとも苦しんでいるのは女性たちだからです。

### WORDS & PHRASES

■conflict 名紛争　■victim 名犠牲者　■for decades 数十年間　■deprivation 名剥奪

Excerpts from Malala Yousafzai's United Nations speech given in New York on July 12, 2013

Dear brothers and sisters, we want schools and education for every child's bright future. We will continue our journey to our destination of peace and education for everyone. No one can stop us. We will speak for our rights and we will bring change through our voice.... And if we want to achieve our goal, then let us empower ourselves with the weapon of knowledge and let us shield ourselves with unity and togetherness.

Dear brothers and sisters, we must not forget that millions of people are suffering from poverty, injustice, and ignorance. We must not forget that millions of children are out of schools. We must not forget that our sisters and brothers are waiting for a bright, peaceful future.

So let us wage a global struggle against illiteracy, poverty, and terrorism and let us pick up our books and pens. They are our most powerful weapons. One child, one teacher, one pen, and one book can change the world. Education is the only solution. Education First.

## マララ・ユスフザイ

　親愛なる少年少女のみなさん、すべての子供たちの明るい将来のためには学校と教育が必要です。「すべての人に平和と教育を」という目的地に向かって旅を続けましょう。誰も私たちを止められません。声を上げて権利を求め、その声によって変化をもたらしましょう……。そして目標を達成したいなら、知識という武器を持って力をつけ、団結や連帯で身を守りましょう。

　親愛なる少年少女のみなさん、何百万もの人たちが貧困や不正や無学で苦しんでいることを忘れてはいけません。何百万もの子供たちが学校に通えないことを忘れてはいけません。私たちの仲間が明るい平和な未来を待ち望んでいることも忘れてはいけません。

　ですから、無学や貧困やテロに対して、全世界一丸となって戦っていこうではありませんか。そして本とペンを手に取りましょう。それらは私たちにとって、もっとも強力な武器です。ひとりの子供、ひとりの教師、1本のペン、1冊の本、それだけでも世界を変えられるのです。教育が唯一の解決策です。エデュケーション・ファースト（教育を最優先に）。

---

**WORDS & PHRASES**

■destination 名目的地　■empower 動〜に力を与える　■wage 動（社会運動などを）行う、遂行する　■illiteracy 名無学

# Excerpts from Malala Yousafzai's CNN interview
given in New York on October 18, 2013

I think I must ask the whole world, why did they pray for me? And the first thing is that it shows humanity. It shows love. It shows friendship. And it shows harmony because not only the people of Pakistan—not only Muslims, not only Pashtuns—but everyone prayed for me. ⁽³⁾It does not matter what religion they had. They were Christians. They were Jews. They did not even have religion. But they prayed for me and they prayed for my new life.

# マララ・ユスフザイのCNNインタビューからの抜粋

## 2013年10月18日、ニューヨークにて

　私は全世界の人たちに質問しなくてはなりません。どうしてみなさんは私のために祈ってくれたのですか？　まず、その祈りは人間性を示しています。愛を示しています。友情を示しています。そして調和を示しています。パキスタン国民や、イスラム教徒や、パシュトゥーン族だけではなく、すべての人が私のために祈ってくれたからです。どの宗教を信じているかは関係ありません。キリスト教徒もいました。ユダヤ教徒もいました。信仰を持たない人さえいました。でもみなさんが私のために、私の新しい命のために祈ってくれたのです。

---

**WORDS & PHRASES**

■pray 動 祈る　■Jew 名 ユダヤ教徒

Excerpts from Malala Yousafzai's CNN interview given in New York on October 18, 2013

At that time when we were facing terrorism in Swat and especially in 2009, the Radio Mullah, which we call him, he announced on the radio that from the 15th of January, 2009, no girl is allowed to go to school.... No girl is allowed to go to school. And if she goes, then you know what we can do. That was his threat. What they did, they used to flog girls. They used to flog women. They also slaughtered people in the squares of Mingora. They treated people like animals. At that time, I did not want to be silent because I had to live in that situation forever. And it was a better idea because otherwise they were going to kill us. So it was a better idea to speak than be killed.

# マララ・ユスフザイ

　私たちがスワートでテロに立ち向かっていたあのころ、特に2009年、「ムラー・ラジオ（「ラジオの導師」と呼ばれたタリバンの幹部）」は、2009年1月15日から女子の登校が禁止になるとラジオで告げました……。女子は登校を禁じられると。それでも登校する女子がいれば、われわれに何ができるかわかっているはずだというのです。それは彼ら流の脅しでした。彼らが実際何をしたかというと、少女たちをむちで打ったのです。大人の女性も打ちました。ミンゴラの広場では人々を虐殺しました。人を動物扱いしました。そのときに私は、永遠にそんな状況で生きなくてはならないなら、黙っていたくないと思いました。黙っていても殺されるだけなので、黙っていないほうがいい。つまり、殺されるくらいなら話すほうがいいと思ったのです。

---

**WORDS & PHRASES**

■face 動 〜に立ち向かう　■threat 名 脅し　■flog 動 むち打つ　■slaughter 動 虐殺する

Excerpts from Malala Yousafzai's CNN interview given in New York on October 18, 2013

...in Swat, it is the culture that a woman can only be a doctor or a teacher, if she gets education. Otherwise she has to be a housewife and feed the children and live a life according to what men say in just the four boundaries of a house.

I was thinking of becoming a doctor because everyone in our classroom said they want to become a doctor. But when I was looking at the situation at Swat, when I saw that government is not taking an action and when I saw that the responsible people are not saying anything, and then later on, I knew that—I realized that becoming a doctor, I can only help a small community. But by becoming a politician, I can help my whole country.

I want to become a prime minister of Pakistan and I think it is really good—because through politics I can help my whole country. I can be the doctor of the whole country and I can help children to get education, to go to school. I can improve the quality of education. And I can spend much of the money from the budget on education.

## マララ・ユスフザイ

　……スワートでは、女性は教育を受けたところで、医者か教師にしかなれない文化があります。さもなければ主婦になって、子供に食べさせ、四方を壁に囲まれた家の中だけで男性が言うことに従って暮らしていくしかありません。

　クラスメートの誰もが医者になりたいと言うので、私も医者になろうと考えていました。でもスワートの状況を見て、政府が行動を起こしていないのに気づくと、責任ある人たちが何も発言していないのがわかると、そのうち私は気づきました。医者になっても小さな社会しか救えないと悟ったのです。でも政治家になれば、国全体を救うことができます。

　私はパキスタンの首相になりたいと思っています。そうなればすばらしいと思います。政治を通じて国全体を救えるからです。国全体の医者になれますし、子供たちが教育を受ける、つまり学校に通う手伝いができます。教育の質を高められます。そして教育に予算をたくさん使えます。

### WORDS & PHRASES

■feed 動 ～に食物を与える　■according to ～に従って　■boundary 名 境界（線）　■later on あとで　■budget 名 予算

Excerpts from Malala Yousafzai's CNN interview given in New York on October 18, 2013

⁽⁴⁾They only can shoot a body. They cannot shoot my dreams. And I think my dreams are living.

The important thing—the important thing is that they shot me because they wanted to tell me that we want to kill you and stop your campaign. They did a mistake—the biggest mistake.

Now I'm not afraid of death. First, I might have been. But now I'm totally not afraid of death. And when I look at the support of people, then I'm sure that this cause is never going to die. And ⁽⁵⁾we will see that a day will come when every child—whether girl or boy, whether black or white, whether Christian or Muslim—he or she will be going to school, inch'Allah.

I would like to tell every girl in the U.K. and America, in the country, in the developed countries where education is available to them, go to schools and realize it's important before it is snatched from you, as we have suffered from that situation. So going to school, doing homework on time, being good to teachers and being good to each other, it is a very important part of life. So go to school.

(4) →see page 37   (5) → see page 38

## マララ・ユスフザイ

　彼らができることは、銃で体を撃つだけです。でも私の夢まで撃つことはできません。ですから、私の夢は今も生きているのだと思います。

　大切なことは——大切なのは、彼らが私を撃った理由は、「われわれはおまえを殺し、おまえの運動を阻止したい」と私に伝えるためだった、ということです。彼らはミスをしました。最大のミスです。

　今、私は死を恐れていません。初めのうちは恐れていたかもしれません。でも今ではまったく怖くありません。みなさんの支援を見ていると、この運動は、何があってもきっと死なないだろうと思うからです。すべての子供が、男も女も、肌の色が黒くても白くても、キリスト教徒もイスラム教徒も、学校に行ける日が来るでしょう。インシャラー(アラーの神の思し召しのままに)。

　英国やアメリカや、教育を受けられる先進国の少女みなさんに伝えたいと思います。学校に行ってください。そして、教育を奪い取られて辛い目にあってきた私たちのようにならないうちに、いかに教育が大切なことか気づいてください。ですから学校に行って、期日までに宿題をこなし、先生に優しく、お互いに思いやってください。そうしたことは、人生において、大切な役割を果たします。どうか学校に行ってください。

---

**WORDS & PHRASES**

■cause 图信念、理念　■snatch 動取り去る、ひったくる

# Malala Yousafzai
## Activist for Education and Women's Rights (2008–Present)
**Born July 12, 1997, in Mingora, Pakistan**

As an activist who has spent her childhood fighting for education rights, Malala Yousafzai has proven that she is not just any teenager. Although Malala is still in school, she is an outspoken and powerful leader for education and women's rights. In just five years of being in the public eye, Malala has made a huge impact not only on her home nation of Pakistan, but also on the world. After surviving an assassination attempt by the Taliban in 2012, Malala has become "the most famous teenager in the world," according to German news outlet Deutsche Welle. Since her recovery, Malala has won Pakistan's first-ever National Youth Peace Prize, among other awards, and has become the youngest female to be nominated for the Nobel Peace Prize.

On July 12, 1997, Malala was born to Ziauddin and Thorpekai Yousafzai in the city of Mingora in Swat Valley. Ziauddin and Thorpekai named their daughter after Malalai of Maiwand, a female Pashtun poet and warrior. Malala and her two brothers, Khushal Khan and Apal Khan, grew up in their family's house

**マララ・ユスフザイ**

# 教育と女性の権利を訴える活動家
（2008年–現在）

1997年7月12日、パキスタンのミンゴラに生まれる。

　教育を受ける権利を求める戦いに子供時代をささげてきた活動家のマララ・ユスフザイは、自らが平凡な10代の女子ではないことを世に知らしめてきた。マララはまだ学生だが、教育や女性の権利を求めて率直に発言するパワフルなリーダーだ。世間の注目を浴びるようになってからほんの5年のうちに、母国パキスタンばかりか、世界中に大きな影響を与えてきた。2012年、タリバンに命を狙われながらも生き延びると、ドイツの報道機関「ドイチェ・ヴェレ」によれば「世界一有名なティーンエイジャー」となった。回復後は、パキスタン政府から第1回「国家平和賞（18歳未満が対象）」を贈られたのをはじめ、数々の賞を受賞し、ノーベル平和賞の最年少女性候補にもなった。

　1997年7月12日、マララは、スワート渓谷のミンゴラという町で、ジアウディン・ユスフザイとトルペカイ・ユスフザイのあいだに生まれた。夫妻は、パシュトゥーン族の女性詩人であり戦士でもある、マイワンドのマラライにちなんで娘を名づけた。マララは

---

**WORDS & PHRASES**

■not just any ~　普通の〜ではない　■assassination　图暗殺　■name ~ after …　…にちなんで名付ける

in Mingora. But when Malala was ten years old, the Taliban entered Swat Valley and a battle between the Pakistani Army and Taliban forces began.

During all the fighting, children like Malala struggled to go to school. Sometimes children were kept at home because it was too dangerous to go outside, and at other times schools would be completely shut down. Although the Pakistani Army won over the Taliban in the First Battle of Swat in 2007, the Taliban's influence in the region continued to grow.

By 2008, the Taliban was powerful enough in the Swat Valley to start governing the region. They imposed strict laws and an era of fear began. Every day there were public beatings and targeted killings of people who broke the Taliban's rules. But in December of 2008, the announcement of a new ban deeply affected Malala's life: starting on January 15, 2009, girls would no longer be allowed to go to school.

During this time, the BBC Urdu website was trying to find a way to report about events in the Swat Valley in a way that made the conflict more personal. They sought a schoolgirl to blog about her experiences growing up under Taliban rule. As an outspoken activist for education himself, Ziauddin Yousafzai, Malala's father, was approached to help find the right schoolgirl. Although Ziauddin suggested several girls, each girl's parents rejected the BBC's invitation because it was so dangerous to speak against the Taliban. Finally,

**マララ・ユスフザイ**

2人の弟、クシャル・カーンとアパル・カーンとともにミンゴラの家で育った。だがマララが10歳のとき、タリバンがスワート渓谷に侵入し、パキスタン軍とのあいだで戦闘を始めた。

戦闘が続くなかでも、マララら子供たちはなんとか登校しようとした。外出が危険すぎて家で待機するときもあれば、学校が完全に閉鎖されるときもあった。パキスタン軍は2007年のスワートの最初の戦いではタリバンに勝利したが、タリバンは、スワート渓谷において、ますます勢力を強めていった。

2008年には、タリバンは同地での勢力をさらに強め、地域を支配しはじめていた。住民に厳格な法律を課し、恐怖の時代が始まった。タリバンの規則を破った住民たちは、毎日、公の場でむち打ちの刑を受け、殺されることもあった。ところが2008年12月、新たな禁止令が出され、マララの生活は著しい影響を受けた。2009年1月15日以降、少女たちは登校を禁じられることになったのだ。

その間、英BBC放送のウルドゥー語版ウェブサイトは、一人ひとりの心により訴えるような形で、スワート渓谷の事件を報道する方法を模索していた。そこで、タリバン統治下で成長する体験談をブログに書いてくれる女子生徒を探すことにした。自らも歯に衣着せず発言する教育活動家であるマララの父親、ジアウディン・ユスフザイは、ふさわしい女子生徒を紹介してくれるようBBCから依頼された。ジアウディンは数人の少女を推薦したが、彼女らの両親はみな、タリバンを非難するのは危険だからと辞退した。最終的に

---

**WORDS & PHRASES**

■impose 動強制する　■ban 名禁止令　■sought 動seek（探す）の過去
■speak against 〜に反対する

Ziauddin suggested his own daughter, Malala, who was eleven years old at the time. The BBC agreed. They gave Malala the pen name of Gul Makai to write under, and Malala's first blog entry was published on January 3, 2009.

It was a difficult task to keep a blog with the region's long power outages and no reliable Internet access. Malala would often have to speak her blog entry over the phone to the BBC, or she would write notes by hand and pass them to a journalist. Even so, the blog became very popular in Pakistan, and it began to be translated into English for a global audience.

On the blog, Malala wrote about how she continued to study at home despite the Taliban's ban on girls going to school. She wrote about her fear and her disappointment as the Taliban destroyed hundreds of schools, and she also criticized the Pakistani Army of not doing their best to protect the area. She wrote about her friends who moved to other regions so that they could get out of danger and continue to go to school.

In February, the Taliban lifted the ban on girls going to school, but there were still strict limitations on how, where, and when girls could study. Malala's blog ended on March 12, 2009.

**マララ・ユスフザイ**

　ジアウディンは、当時11歳だった自分の娘のマララではどうかと提案し、BBCはこれに同意した。BBCからはグル・マカイというペンネームを使って書くよう指示され、マララは2009年1月3日に初めてブログに投稿した。

　同地区は停電が長く続き、インターネット・アクセスも不安定なので、ブログを続けるのは苦労が絶えなかった。マララは、ブログ記事を電話でBBCに伝えなければならなかったことも多く、メモを手書きして記者にわたすこともあった。それでもマララのブログは、パキスタンで大変な評判となり、世界中の読者に向けて英訳されるようになった。

　マララは、タリバンによる女子登校禁止令が敷かれる中、家で勉強を続ける様子をブログに書いた。タリバンが何百もの学校を破壊したときに覚えた恐怖や失望について書くこともあれば、パキスタン軍がこの地域を守るために全力を尽くしていないと非難することもあった。危険から逃れて学校に通い続けられるように他の地域へ移り住んだ友人たちについても書いた。

　2月、タリバンは女子登校禁止令を解除したが、女子が学ぶ方法、場所、および時期については、依然として厳しく制限されていた。2009年3月12日にマララのブログは閉鎖した。

**WORDS & PHRASES**

■power outage　停電　■lift　動（禁令などを）解除する　■limitation　名制限

Soon after the blog ended, a New York Times filmmaker approached Ziauddin about making a documentary that focused on Malala. As filming began, another battle in Swat Valley between Pakistani and Taliban forces began, and the residents of Mingora were ordered to leave. Malala and her family were now refugees, split up from each other in different towns.

Through the documentary, Malala gained more fame and she began to give interviews to major news outlets and to advocate publicly for women and children's education. The Yousafzai family was reunited and allowed to return to Mingora in July 2009. Malala began to work harder for education, and Desmond Tutu, the South African priest and human rights activist, nominated Malala for the International Children's Peace Prize in 2011. It was then that her identity as the BBC blogger was revealed to the world. Although Malala did not get the prize, she was awarded Pakistan's first National Youth Peace Prize in December 2011. Malala asked the prime minister of Pakistan to build a computer campus at the Swat Degree College for Women in Swat Valley. Prime Minister Yousaf Raza Gillani fulfilled this request and also named a secondary school after Malala in her honor.

**マララ・ユスフザイ**

　ブログ閉鎖後まもなく、ニューヨーク・タイムズ紙の映画製作者が、マララに関するドキュメンタリーを作りたい、とジアウディンに持ちかけてきた。撮影が始まると、スワート渓谷でのパキスタン軍とタリバン軍との新たな闘争が起こり、ミンゴラの住民は退去を命じられた。マララとその家族は今や難民となり、別の町で離れて暮らすこととなった。

　ドキュメンタリーを通じて、マララはさらに有名になり、大手報道機関とのインタビューに応じ、女性や子供の教育を公然と擁護するようになった。2009年1月にユスフザイ一家は再会し、ミンゴラへの帰還が許された。マララは教育推進のためにいっそう熱心に活動するようになり、2011年、南アフリカの司教であり人権活動家であるデスモンド・ツツは、マララを国際子ども平和賞にノミネートした。その折に、BBCのブログ投稿者が彼女だったことが世間に知れわたった。マララは、国際子ども平和賞は逃したものの、2011年12月、パキスタン国内で第1回「国家平和賞（18歳未満が対象）」を受賞した。また、パキスタンのユサフ・ラザ・ギラニ首相に、スワート渓谷にあるスワート・ディグリー女子大学にITキャンパスを建設してくれるよう頼んだところ、首相はこの要望に応えたばかりか、マララの栄誉を称えて、ある中学にマララの名前をつけさえした。

---

**WORDS & PHRASES**

■resident 图居住者　■refugee 图難民　■split up（集団が）分かれる　■news outlet 報道機関　■advocate 動〜を擁護する

However, as Malala continued to gain fame, she became more of a target for the Taliban. At a meeting in the summer of 2012, leading members of the Taliban agreed to kill fifteen-year-old Malala Yousafzai.

Malala was riding the school bus with her schoolmates on October 9, 2012, when an armed man boarded the bus and shouted, "Which one of you is Malala? Speak up, otherwise I will shoot you all!" Malala was identified and the man shot her, wounding her in the head, neck, and shoulder. Two other girls were also wounded in the shooting.

Malala was immediately taken to a hospital in Peshawar where she underwent surgery. Offers to treat Malala came from hospitals all over the world. She was transferred to the United Kingdom for further treatment, and the world watched as she began to recover. Slowly, Malala regained consciousness, and on January 3, 2012, she was discharged from the Queen Elizabeth Hospital in Birmingham, England.

The shooting had shocked and outraged the world— nobody could believe the Taliban would target a child as a political enemy. It led to worldwide movements for children's rights, as well as the establishment of the Right to Education Bill in Pakistan. Political leaders and celebrities around the world wrote about Malala, dedicated works to her, and increased publicity about the issue of education rights. In October 2012, UN Special Envoy for Education Gordon Brown started a

## マララ・ユスフザイ

　しかし、さらに有名になっていくにつれて、マララはタリバンの標的になっていった。2012年夏のある集会で、タリバンの幹部たちは15歳のマララ・ユスフザイを暗殺することを決定した。

　2012年10月9日、マララは友人たちとスクールバスに乗った。すると武装した男がバスに乗り込んできて、こう叫んだ。「マララはどこだ？　言え。でないと、おまえたちみんなを撃つぞ！」マララを見つけると、男は彼女の頭、首、肩を撃った。他にも少女2人が負傷した。

　マララはすぐにペシャーワルの病院に搬送され、手術を受けた。すると、世界各地の病院がマララを治療しようと申し出てきた。さらなる治療を受けるために、マララは英国に移送され、回復していく様子を世界中が見守った。マララは徐々に意識を取り戻し、2012年1月3日、英バーミンガムのクィーン・エリザベス病院を退院した。

　この銃撃によって世界中の人々が衝撃を受け、激しい憤りを覚えた。タリバンが子供を政敵として狙うとは誰も信じられなかった。これがきっかけで、子供の権利を主張する運動が世界中に広がり、パキスタンでは「教育への権利・条例」が制定された。世界中の政治指導者や著名人が、マララについて本を書き、それをマララに捧げたので、教育権の問題は世間から注目されるようになった。2012年10月、国連世界教育特使のゴードン・ブラウンは、2015年までにすべての子供たちが学校に通えるよう求める請願運動を始

### WORDS & PHRASES

■undergo 動（治療などを）受ける　■surgery 名外科手術（処置）　■discharge 動 退院させる　■outrage 動 ～を激怒させる　■dedicate 動 ～を捧げる

petition demanding that all children be in school by 2015. This, he wrote, was "in support of what Malala fought for." The petition has three goals: for Pakistan to give education to every child; for all countries to outlaw discrimination against girls; and for the world's 61 million children currently not attending school to be in school by the end of 2015.

Malala fully recovered from the shooting and on her sixteenth birthday, July 12, 2013, she spoke at the United Nations General Assembly. The day was declared "Malala Day," with over 500 youth activists in the audience. UN General Secretary Ban Ki-moon introduced Malala as "our hero." Malala also met with Queen Elizabeth II, spoke at Harvard University, and visited with U.S. President Barack Obama and his family. Outspoken as always, Malala questioned Obama on his use of drones in Pakistan. Today, Malala is a more powerful role model than ever before for youth, women, educators, and oppressed people around the world. She claims that she will continue to work for her country, to fight for women and children's rights, and to become a politician one day.

めた。彼は、これは「マララが目指して戦ってきたものへの支援だ」と書き残している。この運動には3つの目標がある。パキスタン政府がすべての子供たちに教育を受けさせること、すべての国が女子に対する差別を禁止すること、世界中で教育を受けられずにいる6100万人の子供たちが2015年末までに学校に通えるようにすることだ。

マララは銃撃から完全に回復し、2013年7月12日、16歳の誕生日に国連総会で演説した。その日は「マララ・デー」と名づけられ、500人以上の青年活動家が演説に耳を傾けた。潘基文国連事務総長は、マララを「わが英雄」と紹介した。マララはエリザベス女王に謁見し、ハーバード大学では講演を行った。米大統領バラク・オバマとその家族にも面会し、その際にはいつもと同じく歯に衣着せず、パキスタンでの無人機の使用についてオバマ大統領に質問した。マララは今日、世界中の青年、女性、教育者、虐げられた人々にとって、さらに影響力のあるロールモデルとなっている。今後も母国のために働き、女性や子供の権利を求めて戦い続け、将来は政治家になると断言している。

**WORDS & PHRASES**

■petition 名請願(書)、申し立て　■outlaw 動〜を法的に禁ずる　■drone 名無人操縦機　■oppressed 形虐げられた

## *Words and Phrases*   スピーチを読み解く鍵

*p.8(1)* **out of that silence came thousands of voices.**
その沈黙から生まれ出たのは数千の声です。

　"out of ～"は「～の中から外へ」という意味です。「fromとどう違うのか？」と疑問をお持ちになるかもしれませんね。fromは、from A to B「AからBへ」というおなじみの表現に見られるように、「起点」を強調する単語です。それ故に「終点」の存在を含意していますから、ある地点からある地点への直線的移動を表します。
　それに対して、"out of ～"は「内から外への」動作を強調する表現です。「終点」を示唆するよりも、多くの声が一斉に発生したことに重点が置かれていますので、fromよりも"out of ～"の方がふさわしい表現と言えます。
　ちなみにこの文は「倒置」表現となっており、主語が"thousands of voices"でcameが動詞です。あえて元々の文で表現すると；

　　Thousands of voices　/ came　/ out of silence.
　　数千の声が　　　　　　/ 来た　/ 沈黙から

という文になります。倒置表現になっていることで"out of that silence"が強調され、とても詩的でアピール力のある言葉になっています。韻を踏んだof silenceとof voicesの対比も見事です。
　女性が教育を受ける権利を声高に主張したマララの声が、まさしく放射線状に世界に広がって共感を呼び起こし、連鎖反応的に世界に広がっていった様子を見事に表現したフレーズと言えるでしょう。彼女の優れた知性を感じさせる言葉です。

*p.10(2)* **Because they were and they are afraid of change.**
なぜなら彼らは昔も今も変化を恐れているからです。

英語では「過去から現在までの行動」を表現する文法として完了形があります。完了形を用いれば"Because they have been afraid of change."で「彼らは（昔から）変化を恐れ続けてきたからです」という意味を表すことができます。しかし、マララは"they were"と"they are"というように過去形と現在形を並べることで、「過去も今も」を強調しています。何気ない表現に思えますが、シンプルであるがゆえにwereとareの「重み」が伝わってくる表現です。

*p.16(3)* **It does not matter what religion they had.**
何の宗教を信仰していたかなんて関係ありません。

このmatterは動詞で「関係がある」「影響がある」という意味です。名詞の用法もあり「事柄」「問題」という意味を持っています。
It matters wh節〜で「〜かどうかが重要である」という意味を表しますが、否定文や疑問文で用いられることが多いです。例文で見てみましょう。（wh節はwhatやwhen, whoなどwhで始まる関係詞で導かれる節のことです。）

It doesn't matter whether he comes or not.
彼が来ようが来まいが関係ない。

この本に掲載されているマザー・テレサのスピーチにも、宗教の壁を越えた融和を訴えた言葉があります。異なる世紀を生き、異なる宗教を信仰するマザー・テレサとマララが同じことを述べています。このことに思いを馳せ、全人類が心に刻むべきでしょう。

*p.22(4)* **They only can shoot a body. They cannot shoot my dreams.**
彼らは体を撃ち抜くことはできても、私の夢は撃ち砕けない。

直訳すると「彼らは体を撃ち抜くことだけはできる。私の夢を撃ち抜くことはできない」となります。shootは「（銃で）撃つ」「撃ち殺す」という意味があります。
　世界中の人々がマララとともに声をあげ行動を起こしつつあります。マララの夢はもはや彼女だけのものではなくなったのです。マララのこの言葉に毅然とした決意と今後の希望を感じることができます。
　奇しくも我らが日本の自由民権運動指導者、板垣退助の言葉「板垣死すとも自由は死せず」に通じるものを感じるのは私だけでしょうか。

p.22(5) **we will see that a day will come when every child—whether girl or boy, whether black or white, whether Christian or Muslim—he or she will be going to school, …**
私たちはいつか、女の子も男の子も、黒人も白人も、キリスト教徒もイスラム教徒も、全ての子供たちが学校へ行く日を見ることでしょう。

　whether A or Bは「AかBか」という意味で用いられる例を多く見ますが、「AであろうとBであろうと」という意味で訳される場合もあります。

　　Whether she is sick or well, she is always cheerful.
　　病気のときでも健康なときでも、彼女はいつも元気だ。

　この言葉もシンプルでアピール力のある言葉です。キング牧師の"I have a dream."の名演説のように、歴史に残る言葉になると思い取り上げました。
　マララはきっとガンジーやマザー・テレサ、そしてキング牧師など人権に関わる運動を導いた先人たちのことをよく学んでいると思われます。学ぶだけではなく、自分のものとし、実践し、そしてマララ

自身の言葉で世界に発信しています。私たち一人ひとりに「地球市民」としての覚悟と行動を問うているかのような言葉です。

　上述のようにキング牧師の言葉を彷彿とさせる言葉だと思いましたので、キング牧師の名演説から一部を抜粋してみました。英語を学ぶ者にとって必修(?)とも言える名演説の一つです。ぜひマララのスピーチと読み比べてみてください。

*I have a dream that one day on the red hills of Georgia, the sons of former slaves and the sons of former slave-owners will be able to sit down together at table of the brotherhood.*

（中略）

*I have a dream that my four little children will one day live in a nation where they will not judged by the color of their skin but the content of their character.*

背景解説

# マララ・ユスフザイと
# イスラムの混沌

　マララ・ユスフザイは日本流にいえば、女子高校生。イスラム原理主義者の支配する地域に育った少女です。そして、彼女はその地域で女性が教育を受ける機会を逸していることに疑問を抱き、ネットを通じて抗議。世界中から注目されました。

　イスラム原理主義者がコントロールする地域で、こうした抗議をすることは、命の危険がともなう勇気ある行動です。2012年10月9日、とうとう彼女は中学校から帰宅するスクールバスに侵入した男の銃弾を受けました。

　15歳の少女への凶行に、世界は強い衝撃を受けたのです。その試練の後、マララはイギリスに搬送され、治療を受けて見事に回復。女性の権利を守る象徴的な人物として、世界中で注目されるようになったのです。すごい少女がいたものです。

　我々は、彼女を銃弾に傷ついた有能な少女であるというだけで、賞賛してはなりません。彼女が傷つけられた背景には、今イスラム世界を包んでいる出口のない人と人との確執や対立があるのです。

　我々は、何故そうしたことがおきているのかを理解しない限り、マララという一人の少女の身の上におきたことを、正しく判断することはできないのです。

　マララ・ユスフザイの生まれは、カイバル・パクトゥンクワ州。そこはアフガニスタンに近い、パキスタン北部の辺境です。彼女はパシュトゥー語を話します。パシュトゥー語を話すパシュトゥーン人は、アフガニスタンの主要な民族です。

　そして、パシュトゥーン人はパキスタンにも多く住み、その人口の11パーセントを占めているといわれています。マララもその一人です。

**マララ・ユスフザイ**

そしてパシュトゥーン人は、今様々なイスラム教をめぐる混乱の中で分断されているのです。

現在のアフガニスタンを率いるカルザイ大統領もパシュトゥーン人ですし、それに反抗し、テロ活動を繰り返すイスラム原理主義者集団タリバンの多くもパシュトゥーン人で構成されています。それなのに、どうしてこのような悲劇がおきたのでしょうか。

マララの生まれたカイバル・パクトゥンクワ州の北の端、アフガニスタンとの国境にある峠は、古代から中世にかけてはシルクロードからインドへと抜ける交通の要衝で、そこは東西交流の要となる重要な峠でした。

そんなアジアの文化交流を象徴する一帯が、アフガニスタンにおこった政情不安のなかで、夢の峠から暗黒の峠へと変化したのは、1970年代のことでした。マララ・ユスフザイの勇気ある活動の背景を知るには、彼女が誕生した年からさらに25年前に時計の針を戻さなければなりません。

当時、アフガニスタンは王国でした。西側諸国との関係は良好で、歴史的な遺産も多いこの地域は、インドに続く観光資源豊富な場所として、日本でも注目されていました。

そんなアフガニスタンに、クーデターがおきて王政が廃止されたのは、1973年のことでした。クーデターの勢力の背景には、アメリカに対抗して影響力の拡大を狙っていたソ連がありました。

やがてソ連に後押しされた社会主義勢力が台頭し、その考え方に基づいて、イスラム教を排除した政権が樹立すると、それに反発したイスラム勢力が野に下り、アフガニスタンは内戦状態となったのです。そこで混沌としたアフガニスタンに、ソ連は軍事介入し、傀儡政権を樹立します。アフガニスタンは、こうして東西冷戦の狭間の中に放り出されたのでした。

ソ連と世界戦略において対立するアメリカも様々な手を打ってきます。1980年、アフガニスタンへの軍事介入に抗議したアメリカが、西

> 背景解説

側諸国と連携してモスクワ・オリンピックをボイコットしたことは、スポーツと政治の関係の是非を巡って大きな論議を巻き起こしました。

そして、アメリカは近隣諸国への社会主義の波及も恐れ、様々な方法でアフガニスタンの反政府勢力を支援します。マララが住んでいる地域は、こうした隣国の影響を直接受ける地域でした。

アメリカは、ソ連に席巻されたアフガニスタンへの影響力を取り戻すために、隣国パキスタンにもてこ入れします。マララの生まれた地域は、そうした支援活動にとっても大切な戦略拠点だったのです。

その頃、パキスタンのもう一つの隣国、イランでアフガニスタンと同様の政変がおこりました。アメリカ寄りの政策をとっていたイランのパフラーヴィ王朝がイスラム革命で崩壊したのです。1979年2月のことでした。

革命勢力によってアメリカ大使館が占拠され、イランとアメリカとの間の緊張が高まります。アメリカからみれば、アフガニスタンに続いてイランにも飛び火した反米勢力の拡大は相当な脅威だったはずです。

今では忘れられていますが、その警戒感の中で、アメリカは後にアメリカの宿敵となるイラクのサダム・フセイン、さらにイスラム原理主義者のオサマ・ビン・ラディンをサポートしたのです。

そうした複雑な背景に加えて、領土問題、石油の利権、さらにイスラム教内部で教義を巡り対立するスンニ派とシーア派の確執などが絡まって、ついにイランとイラクが1980年に、以後8年も続く戦争状態に突入します。

これは単なる2国間の戦争ではありませんでした。スンニ派が多数を占めるイラクやクエート、サウジアラビア、さらには北アフリカなどの国々が一つの集団なら、シーア派が多数を占めるイランはもう一つの集団です。

東西冷戦の中、アメリカはサウジアラビアを拠点に、イランと対抗し

ます。そしてこのような混乱の中で、大量の民兵が戦闘地域を行き来し、アフガニスタンの内戦にも流入します。その代表的な人物が、オサマ・ビン・ラディンだったのです。

こうして、中東の混乱が拡大するなか、泥沼化したアフガニスタンの内戦に疲弊したソ連は、自国の経済的事情もあり、1989年に駐留していた軍を撤退させました。この撤退こそが、ソ連崩壊の序曲であったといわれています。

その後、軍事的サポートを失ったアフガニスタンの内戦は拡大し、最終的にはオサマ・ビン・ラディンなどと思想を共有する、イスラム原理主義者の集団タリバンが、カブールを中心としたアフガニスタンの中枢部を掌握しました。1996年のことでした。

それは、極端なイスラム化を押し進める政権で、女性の人権は抑圧され、貴重な仏教遺跡であったバーミアンの石窟も、偶像崇拝を拒絶するイスラム教の教えに従い、破壊されてしまいました。

一方、アフガニスタンの西側で泥沼化していたイランとイラクとの戦争は1990年に終息します。しかし、その後戦費に疲弊したイラクと債権国の隣国クエートが対立し、今度はイラクがクエートに侵攻したのです。クエートとそれを支援するサウジアラビアやアメリカと、イラクとの関係が緊張します。1991年の湾岸戦争の勃発です。

この図式の中で、アメリカを中心とした西欧諸国と、イラクの指導者サダム・フセイン、そしてこれら一連の国際政治の矛盾の中で反米へと傾いたオサマ・ビン・ラディンとの関係が悪化していきました。その後おきたことは、記憶に新しいはずです。2001年9月11日に、アメリカへの同時多発テロがおき、その結果、アメリカがアフガニスタン、そしてイラクへと軍事介入をし、その地域で活動していた多くのイスラム原理主義者が拠点を追われ、拡散したのです。

アフガニスタンからタリバンが駆逐され、オサマ・ビン・ラディンの率いるアルカイダがアフガニスタンでの拠点を失うと、彼らの多く

> **背景解説**

がマララの住む地域に潜入し、そこで勢力の挽回を試みます。その結果、マララの住む地域では、彼らの指導のもと、女性から教育の機会が奪われていったのです。

古来、東西交流の架け橋の役割を担ってきたマララの故郷は、大国をも巻き込んだイスラム社会全体の国際政治の渦に巻き込まれ、蹂躙されていったのです。

マララ・ユスフザイは、凶弾による怪我を克服したあと、にわかにメディアの脚光を浴びました。アメリカにも旅行し、国連で演説をし、オバマ大統領とも面会しました。大統領との会談では、無人兵器によるアフガニスタンでの殺戮をやめるように訴えたといいます。

マララの目にも、今のアフガニスタンや彼女の故郷がおかれている状況の背景に、アメリカや旧ソ連、そしてイスラム社会を巡る様々なパワーゲームが影響していた様子が焼き付いていたのでしょう。

彼女のスピーチは明快でまさに正論です。

力による人への弾圧に抗議し、全ての人が平等に教育を受ける権利を主張し、そして世界の平和を求める姿勢は、国や文化を越えた普遍的な希求であるといえましょう。

そして、ここで忘れてはならないことは、マララがイスラム教徒であるということです。日々繰り返し報道される、イスラム教原理主義者によるテロ行為や、イスラム社会での政治的な混乱を通し、多くの人はイスラム教自体に対して偏見をもっています。しかし、マララは、彼女を今でも殺害すると脅迫し、テロを繰り返す人々は、イスラム教の教えに反していると主張します。

イスラム教とキリスト教、そしてユダヤ教はもともと親戚関係にある宗教であるといっても過言ではありません。この3つの宗教はアブラハムの宗教と呼ばれています。

3つの宗教とも、アダムとイブが人類の究極の祖先であるとうたっています。その後ノアの方舟によって一度生き物が淘汰されたあとに

現れた聖人アブラハムの子孫の系列をどう解釈するかで、この3つの宗教が特徴づけられているのです。

そうなのです、イスラム教は、今では対立するユダヤ教、キリスト教とともに、それらを育んだ、同じ言語系の人々の信仰に、そのルーツを共有するのです。

共通しているのは、唯一神を崇拝し、その聖典に忠実であれと説く宗教で、最も古いユダヤ教はモーゼ、キリスト教がキリスト、イスラム教はムハンマドというそれぞれの予言者が、神の聖典をどう解釈したかで、それぞれの宗教が進化してゆきました。ユダヤ教は旧約聖書、キリスト教は新約聖書、そしてイスラム教はコーランがそれぞれの聖典となります。そしてイスラム教の教えの中にも、モーゼもキリストも登場するのです。

イスラム教は、ムハマンドが622年にメッカからメジナに脱出したときを起源として、その後中東世界に拡大してゆきました。その後、後継者の正当性を巡る争いから、ムハンマドの甥のアリを支持するグループと、そうでない人々との間で分裂しました。前者がシーア派で、後者がスンニ派。マララはスンニ派の系列のイスラム教徒の家庭に生まれたのです。

マララの素晴らしいところは、教育を通し、他者への敬意を持つことを説いていることです。つまりイスラム教だけではなく、他の考え方や思想宗教への寛容を若くして説いていることにあります。日本でいえば女子高校生ともいえる少女の天才的な洞察力は、尊敬に値します。

それは、イスラム教が本来平和を愛し、隣人を愛する宗教でありながら、その原典であるコーランの古来の解釈を頑に踏襲するイスラム原理主義の信奉者に自らが襲われた経験と無縁ではないでしょう。

マララの前を行った人々——それは、不服従非暴力を説いてインドを独立に導き、ヒンドゥ教とイスラム教の宥和を説いたマハトマ・ガンジー、黒人の権利向上を訴え、アメリカでの人種対立を宥和へと導こ

> ### 背景解説

うとしたマーティン・ルーサー・キング、そして人種隔離政策という差別を撤廃し、黒人の権利を回復したあと、白人系の人々と共に過ごせる国づくりを目指したネルソン・マンデラといった偉人たちに他なりません。これら先人の哲学に共通する、人類全ての和平を目指した普遍的な価値観を、彼女のスピーチから見いだすことができるのです。

イスラム圏は、いまだに世界の火薬庫であり、そこに住む人々は戦火と抑圧に苦しんでいます。イスラエルの建国で、土地や財産を失ったパレスチナ難民への同情と怒りから、時には過激とも思える抗議や戦闘が続き、それが拡散しながら、一部にイスラム原理主義者のテロ活動までが派生してきました。この縺れた紐を解く事は容易ではありません。

マララ・ユスフザイという一人の少女の叫びが、この絡まり合った紐を溶解し、イスラム教への差別や偏見を乗り越え、世界の異なった立場や宗教同士の宥和という大きな理想への先駆けとなること望む人は、少なくないのではないでしょうか。

# *Aung San Suu Kyi,*
## Chairperson and General Secretary of the National League for Democracy

## アウンサンスーチー
### ビルマ国民民主連盟議長兼書記長

# Excerpts from the "Freedom from Fear"
## essay published in 1991

(1)It is not power that corrupts but fear. Fear of losing power corrupts those who wield it and fear of the scourge of power corrupts those who are subject to it. Most Burmese are familiar with the four *a-gati*, the four kinds of corruption. *Chanda-gati*, corruption induced by desire, is deviation from the right path in pursuit of bribes or for the sake of those one loves. *Dosa-gati* is taking the wrong path to spite those against whom one bears ill will, and *moga-gati* is aberration due to ignorance. But perhaps the worst of the four is *bhaya-gati*, for not only does *bhaya*, fear, stifle and slowly destroy all sense of right and wrong, it so often lies at the root of the other three kinds of corruption. Just as *chanda-gati*, when not the result of sheer avarice, can be caused by fear of want or fear of losing the goodwill of those one loves, so fear of being surpassed, humiliated, or injured in some way can provide the impetus for ill will.

*(1) →see page 68*

アウンサンスーチー

# 「恐怖からの自由」からの抜粋

## 1991年刊行のエッセー

　人を堕落させるのは権力ではなく、恐怖です。権力を失う恐怖が、権力を行使する人たちを堕落させます。また、権力により下される罰への恐怖が、権力に従う人たちを堕落させます。ビルマ人の多くは4つの「アガティ」、つまり4種類の堕落についてよく知っています。「サンダガディ」、つまり欲望から生じる堕落は、賄賂を得ようとして、または愛する人たちのために正しい道を踏みはずすことです。「ドオタガティ」は、敵意を抱いている人たちを困らせるために道を誤ることです。「モオハガティ」は、無知であるために常道からはずれることです。しかし4つのうちで最悪なのは「バヤガディ」でしょう。「バヤ」、つまり恐怖は、善悪のすべての感覚を抑えつけ、ゆっくりと破壊するばかりか、他の3種類の堕落の根底にあることが多いからです。「サンダガディ」が、まったくの強欲からではなく、貧困への恐怖や、愛する人の好意を失う恐怖から生じることもあるように、何らかの形で凌駕され、辱めを受け、傷つけられるのではないかという恐怖が、敵意に拍車をかけることもあります。

---

**WORDS & PHRASES**

■wield 動 行使する　■scourge 名 懲罰　■deviation 名 逸脱　■bribe 名 賄賂
■aberration 名 逸脱　■stifle 動 〜を押さえつける　■sheer 形 全くの　■avarice
名 強欲　■impetus 名 推進力、勢い

Excerpts from the "Freedom from Fear" essay published in 1991

And it would be difficult to dispel ignorance unless there is freedom to pursue the truth unfettered by fear. With so close a relationship between fear and corruption it is little wonder that in any society where fear is rife corruption in all forms becomes deeply entrenched.

Within a system which denies the existence of basic human rights, fear tends to be the order of the day. Fear of imprisonment, fear of torture, fear of death, fear of losing friends, family, property or means of livelihood, fear of poverty, fear of isolation, fear of failure. A most insidious form of fear is that which masquerades as common sense or even wisdom, condemning as foolish, reckless, insignificant or futile the small, daily acts of courage which help to preserve man's self-respect and inherent human dignity. It is not easy for a people conditioned by fear under the iron rule of the principle that might is right to free themselves from the enervating miasma of fear. Yet even under the most crushing state machinery courage rises up again and again, for fear is not the natural state of civilized man.

### アウンサンスーチー

　そして、恐怖から解放されて真理を追求する自由がなければ、無知から抜け出すのは難しいでしょう。恐怖と堕落はとても密接に関わりあっているので、恐怖にあふれた社会では、あらゆる種類の堕落が深く根づいていくのも当然です。

★

　基本的人権の存在を否定するシステムの枠内では、恐怖は日常的なものになりがちです。投獄の恐怖、拷問の恐怖、死の恐怖、友人、家族、財産、生計の手段を奪われることへの恐怖、貧困の恐怖、孤立の恐怖、失敗の恐怖。きわめてたちの悪い恐怖は、常識や英知まで装って、人間の自尊心や人間本来の尊厳を保たせてくれる勇気あるささいな日常的行為を、愚かで、無謀で、無意味で、無駄だと非難する恐怖です。「力は正義なり」という指針に基づく圧政のもとで恐怖に慣らされた人たちが、恐怖という気力をなくさせる毒気から抜け出すのは容易なことではありません。しかし、どんなに圧倒的な国家機構の下でも、勇気は何度でもわき上がってきます。というのも、恐怖は文明人には自然な状態ではないからです。

★

#### WORDS & PHRASES

■entrench 動 侵食する、定着させる　■imprisonment 名 投獄　■insidious 形 油断のならない　■masquerade as ～を装う、なりすます　■condemn 動 非難する　■reckless 形 無謀な　■inherent 形 生まれつきの　■enervating 形 気力を奪う　■miasma 名 毒気

# Excerpts from Aung San Suu Kyi's Nobel Lecture
## given at Oslo City Hall on June 16, 2012

Often during my days of house arrest it felt [(2)]as though I were no longer a part of the real world. There was the house which was my world, there was the world of others who also were not free but who were together in prison as a community, and there was the world of the free; each was a different planet pursuing its own separate course in an indifferent universe. What the Nobel Peace Prize did was to draw me once again into the world of other human beings outside the isolated area in which I lived, to restore a sense of reality to me. This did not happen instantly, of course, but as the days and months went by and news of reactions to the award came over the airwaves, I began to understand the significance of the Nobel Prize. It had made me real once again; it had drawn me back into the wider human community. And what was more important, the Nobel Prize had drawn the attention of the world to the struggle for democracy and human rights in Burma. [(3)]We were not going to be forgotten.

(2), (3) → see page 69

# アウンサンスーチーの
# ノーベル賞受賞講演

## 2012年6月16日、オスロ・シティホールにて

　自宅軟禁された日々の中でよく、私はもはや現実世界の一部ではないかのように感じました。私の世界となっている家があり、自由ではないながらも刑務所で共同生活をしている人たちの世界があり、自由な人たちの世界もありました。お互いに無関心な宇宙の中で、それぞれが別々の軌道を回っている別の惑星でした。ノーベル平和賞のおかげで、私はそれまで住んでいた隔離された場所を出て、他の人間たちの世界へと引き戻され、現実感を取り戻すことができました。もちろんすぐにこう感じたわけではなく、月日がたち、受賞に対する反響のニュースがラジオで報じられるにつれ、私はノーベル賞の意義を理解するようになりました。ノーベル賞は再び私を現実味のある存在にし、より大きな人間社会に引き戻してくれたのです。そしてさらに重要なことには、ノーベル賞は、世界中の関心を、民主化や人権を求めるビルマでの戦いに引きつけたのです。これで私たちは忘れ去られないだろうと思いました。

**WORDS & PHRASES**

■house arrest　自宅監禁　■pursue　動（コースなどを）辿る　■airwave　名放送電波　■democracy　名民主主義

Excerpts from Aung San Suu Kyi's Nobel Lecture given at Oslo City Hall on June 16, 2012

To be forgotten. The French say that to part is to die a little. To be forgotten too is to die a little. It is to lose some of the links that anchor us to the rest of humanity. When I met Burmese migrant workers and refugees during my recent visit to Thailand, many cried out: "Don't forget us!" They meant: "don't forget our plight, don't forget to do what you can to help us, don't forget we also belong to your world." When the Nobel Committee awarded the Peace Prize to me they were recognizing that the oppressed and the isolated in Burma were also a part of the world, they were recognizing the oneness of humanity. So for me receiving the Nobel Peace Prize means personally extending my concerns for democracy and human rights beyond national borders. The Nobel Peace Prize opened up a door in my heart.

## アウンサンスーチー

　忘れ去られること。別れることは少し死ぬことだとフランス人は言います。忘れ去られることもまた、少し死ぬことです。私たちを他の人間につなぎとめる輪のいくつかを失うことなのです。先日、タイを訪れた際に、ビルマ人の出稼ぎ労働者や難民たちに会うと、多くの人たちはこう叫びました。「私たちを忘れないで！」彼らが言いたかったのは、「私たちが苦しい状況にあるのを忘れないで。私たちを助けるためにできることをするのを忘れないで。私たちもあなたと同じ世界の人間であることを忘れないで」ということです。ノーベル委員会が平和賞を私に授けると、人々は、ビルマで虐げられ孤立した人たちも世界の一部であり、人類はひとつであることを認識するようになっていったのです。ですから私にとって、ノーベル平和賞を受賞することが個人的に意味するのは、民主主義と人権への私の関心が国境の先へと広がっていくことです。ノーベル平和賞は私の心の扉を開けてくれました。

### WORDS & PHRASES

■anchor 動 ～をつなぎ止める　■migrant 形 移住の　■plight 名 苦境、窮状

Excerpts from Aung San Suu Kyi's Nobel Lecture given at Oslo City Hall on June 16, 2012

My party, the National League for Democracy, and I stand ready and willing to play any role in the process of national reconciliation. The reform measures that were put into motion by President U Thein Sein's government can be sustained only with the intelligent cooperation of all internal forces: the military, our ethnic nationalities, political parties, the media, civil society organizations, the business community and, most important of all, the general public. We can say that reform is effective only if the lives of the people are improved and in this regard, the international community has a vital role to play. Development and humanitarian aid, bi-lateral agreements and investments should be coordinated and calibrated to ensure that these will promote social, political and economic growth that is balanced and sustainable. The potential of our country is enormous. This should be nurtured and developed to create not just a more prosperous but also a more harmonious, democratic society where our people can live in peace, security and freedom.

### アウンサンスーチー

　わが党、国民民主連盟と私は、国民和解のプロセスにおいて、どのような役割でも担う用意ができています。ウ・テイン・セイン大統領の政府によって実行に移された改革策は、国内勢力すべての理性的協力があってこそ推し進めることが可能です。それは軍隊、少数民族、政党、メディア、市民社会団体、経済界、そして何よりも重要な一般国民の方々です。改革は、人々の生活が改善され、この点で国際社会がきわめて重要な役割を担っているときにのみ効果的だと言えます。開発と人道支援、双務協定と投資は、バランスの取れた持続性のある社会的、政治的、経済的成長を促進できるようにするに、統合され、調整されなければなりません。わが国はとてつもなく大きな潜在力を秘めています。平和に安全に自由に国民が暮らせるような、より豊かな、そしてより調和の取れた民主的な社会を築くために、この潜在力を伸ばし、高めるべきです。

---

**WORDS & PHRASES**

■reconciliation 名 和解　■sustain 動 (存在などを) 持続する　■bi-lateral 形 双務的な　■calibrate 動 調整する　■nurture 動 育てる　■prosperous 形 豊かな

# Aung San Suu Kyi
## Chairperson and General Secretary of the National League for Democracy (1988–Present)
**Born June 19, 1945 in Rangoon, Burma (now Yangon, Myanmar)**

While the majority of Burmese see Aung San Suu Kyi as a political hero and leader, the whole world sees her as a fearless fighter for peace and human rights. Aung San Suu Kyi has given her life to her country, sacrificing her career, family, and personal freedom to fight for democracy in Burma. Because of her activism, the Burmese dictatorship placed under house arrest, and she remained imprisoned in her own home for fifteen years. During this time, she could have given up the fight and left the country, but she never left the Burmese people. For this unflagging effort of peaceful protest, she was awarded a Nobel Peace Prize.

Aung San Suu Kyi was born on June 19, 1945, in the capital of British Burma, Rangoon. She was named after her father (Aung San), her grandmother on her father's side (Suu), and her mother, (Khin Kyi).

**アウンサンスーチー**

# ビルマ国民民主連盟議長兼書記長
(1988–現在)

1945年6月19日、
ビルマのラングーン(現ミャンマーのヤンゴン)に生まれる。

　ビルマ人の大半は、アウンサンスーチーを政治的英雄かつ指導者として見る一方、全世界の人々は、平和と人権のために戦う大胆不敵な闘士だと考えている。アウンサンスーチーは母国に生涯をささげ、ビルマの民主化を求めて戦うためにキャリアや家族や個人的自由を犠牲にしてきた。積極的な活動をしたので、ビルマ独裁政権は彼女を自宅軟禁に処し、15年間自宅に閉じ込めていたのだ。この間に彼女は戦うのをあきらめて国を去ることもできただろう。だが、決してビルマ人を見捨てることはなかった。この穏やかな抗議のたゆまない努力により、スーチーはノーベル平和賞を受賞した。

　アウンサンスーチーは、1945年6月19日、英領ビルマの首都、ラングーンに生まれた。父親のアウンサン、父方の祖母スー、母親のキン・チーにちなんで名づけられた。

---

**WORDS & PHRASES**

■sacrifice 動 ～を犠牲にする　■dictatorship 名 独裁政権　■unflagging 形 たゆまぬ、不断の

Her father, General Aung San, was a revolutionary who helped win Burmese independence from British colonial rulers. He was the deputy chairman of the Executive Council of Burma and the president of the Anti-Fascist People's Freedom League. He is considered the founder of the current state of Burma. However, he was assassinated in 1947, just six months before Burma officially became an independent state. When he died, he was only 32 years old, and his daughter Aung San Suu Kyi was only two years old.

Aung San Suu Kyi grew up with her two brothers and her mother in Rangoon. Her family suffered another tragedy when her brother Aung San Lin drowned in a lake and died when he was eight years old. After his death, the family moved to start life over again, and Suu Kyi enrolled in Methodist English High School.

In 1960, Suu Kyi's mother was appointed to be the Burmese ambassador to India and Nepal. Suu Kyi went to live in New Delhi with her mother, where she attended the Convent of Jesus and Mary School. Suu Kyi continued her studies at Lady Shri Ram College, where she earned a degree in politics in 1964, and she went on to study in England at Oxford University where she met her future husband, Michael Aris, a scholar on Tibetan culture and literature. Suu Kyi earned a bachelor's degree in Philosophy, Politics, and Economics in 1969. She then moved to New York City where she worked at the United Nations for three years.

## アウンサンスーチー

　父のアウンサン将軍は、英領植民地支配者からのビルマ独立に尽力した革命家だった。ビルマ評議会の副議長や、反ファシスト人民自由連盟の総裁を務めた。また、ビルマ建国の父と称されている。しかし、1947年、ビルマが正式に独立国家となるちょうど半年前に暗殺された。それは彼がまだ32歳のときで、娘のアウンサンスーチーはほんの2歳だった。

　アウンサンスーチーはラングーンで母親と2人の兄の下で育った。それから一家には別の悲劇が襲った。2番目の兄のアウンサンリンが、8歳のときに池でおぼれて死んだのだ。彼の死後、一家は再び生活を立て直すために引っ越し、スーチーはイギリス・メソジスト高校に入学した。

　1960年、スーチーの母は駐インド・ネパールのビルマ大使に任命された。スーチーは母と一緒にニューデリーに移り住み、キリスト・メリー修道会学校に通った。それからはレディ・スリ・ラム・カレッジで学問を続け、1964年に政治学の学位を取ると、英国オックスフォード大学に進み、そこで将来の夫であるチベット文化・文学の研究者、マイケル・アリスと出会った。1969年には、哲学、政治学、経済学の学士号を取得した。そしてニューヨーク市に移り、3年間国連で働いた。

---

**WORDS & PHRASES**

■revolutionary 图革命家　■deputy 形代理の、副〜　■tragedy 图悲劇
■bachelor 图学士

In 1972, Aung San Suu Kyi married Michael Aris, and in 1973 the newly wed couple had their first son, Alexander. Their second son, Kim, was born in 1977. It was a happy and peaceful time for Aung San Suu Kyi and her family. The 1970s and 1980s were spent in England, the U.S., and India.

One day in 1988, Suu Kyi got an urgent call from Burma. Her mother, Khin Kyi, had fallen ill. Suu Kyi immediately returned to Burma to care for her mother. This one action would change her life forever.

When Suu Kyi returned to Burma, the whole country was in upheaval. The military dictator General Ne Win had just stepped down, but a military junta was still in place. The people of Burma took to the streets on August 8, 1988, staging a massive demonstration calling for democracy. As the daughter of the founder of modern Burma, Aung San Suu Kyi spoke to half a million people in front of Shwedagon Pagoda in Rangoon. She urged Burma to create a democratic government, and her political career in Burma began.

In September 1988, a new military junta took over Burma, and Suu Kyi helped found the National League for Democracy (NLD). Her main influences were Buddhism and the philosophies of non-violence practiced by Mahatma Gandhi. In July 1989, Suu Kyi was put under house arrest. The junta told her that she would be freed if she left the country, but Suu Kyi refused to leave Burma. She suspected that the junta would not allow her to enter the country again if she left.

## アウンサンスーチー

　1972年、アウンサンスーチーはマイケル・アリスと結婚し、1973年、新婚夫婦は長男アレクサンダーをもうけ、1977年には次男キムが生まれた。アウンサンスーチー一家にとって、それは幸せで平和なひとときだった。1970年代と1980年代は英国、米国、インドで過ごした。

　1988年のある日、スーチーはビルマから緊急電話を受けた。母のキン・チーが病に倒れたのだ。スーチーはただちにビルマに帰国し、母の介抱をした。このひとつの行動が彼女の人生を永遠に変えることになるのだった。

　スーチーがビルマに戻ると、国全体が大変動のさなかにあった。軍事独裁者、ネ・ウィン将軍はちょうど退陣したところだったが、軍事政権はまだ健在だった。ビルマ国民は、1988年8月8日、街頭に繰り出して、民主化を求める大規模デモを行った。近代ビルマ建国の父の娘として、アウンサンスーチーはラングーンのシュエダゴンパゴタの前で50万人の民衆を前に演説し、ビルマに民主政府を築こうと訴えた。こうして、ビルマで彼女の政治家としてのキャリアが始まった。

　1988年9月、新軍事政権がビルマを支配すると、スーチーは「国民民主連盟」（NLD）の結成に尽力した。彼女が主に影響を受けたのは、仏教と、マハトマ・ガンディーによって実践された非暴力という哲学だった。1989年7月、スーチーは自宅軟禁された。国を出ていけば自由にしてやろうと軍事政権に言われたが、スーチーはビルマを去ろうとしなかった。もし去れば二度と入国を許されないだろうと思ったのだ。

---

**WORDS & PHRASES**

■upheaval 名大変動　■dictator 名独裁者　■step down 退陣する　■junta 名軍事政権

Being under house arrest separated Suu Kyi from her family. She could not leave the country if she wanted to continue to fight for Burma, and it was difficult for the family to gain entry visas. After Aris and Suu Kyi's sons visited her during Christmas of 1995, Aris was not allowed to enter the country again. In 1997, Aris was diagnosed with prostate cancer. Although the United Nations, Pope John Paul II, and the United States pleaded with the Burmese junta to allow Aris to enter Burma to see his wife, the junta refused. Aris died in March 1999. The couple had only seen each other five times since Suu Kyi was put under house arrest in 1989.

In 1990, the Burmese junta called for a general election. Suu Kyi's party, the NLD, won 59 percent of the votes, and some say if Suu Kyi had been allowed to run for office, she would have become the prime minister of Burma. However, Suu Kyi was not allowed to participate in the elections. Even after the election results came in, the military refused to step down. This enraged the international community, but Suu Kyi was kept under house arrest and the junta stayed in power.

In 1991, Suu Kyi was awarded the Nobel Peace Prize, but she could not go to Oslo to accept the prize. Her two sons, Alexander and Kim, accepted the prize on her behalf. Finally, in 2009, rising international pressure persuaded the junta to hold Burma's first general election in twenty years. The election was held on

## アウンサンスーチー

　軟禁されたスーチーは家族と離れて暮らすことになった。ビルマのために戦い続けたいなら国を去るわけにはいかず、家族が入国ビザを得るのも難しかった。アリスは、1995年のクリスマス期間中に息子たちと一緒に妻のもとを訪れてからは、二度とビルマ入国を許されなかった。1997年、アリスは前立腺がんの宣告を受けた。国連、ヨハネ・パウロ二世、米国がビルマの軍事政権に対して、妻に会えるようにアリスのビルマ入国を許可してほしいと訴えたが却下された。アリスは1999年3月に死去した。夫婦は、1989年にスーチーが軟禁されてから5回しか面会できなかった。

　1990年、ビルマの軍事政権は総選挙を実施した。スーチーの率いる党、国民民主連盟は59パーセントの票を獲得し、スーチーが立候補を許されていたら、ビルマの首相になっていただろうと言う者もいる。しかしスーチーは選挙への参加を許されなかった。選挙の結果が出てからでさえ、軍事政権は退こうとはしなかった。このことが国際社会の怒りを買ったが、スーチーは軟禁を解かれることなく、軍事政権が権力の座にとどまった。

　1991年、スーチーはノーベル平和賞を受賞したが、オスロに行くことはできなかった。代わりに息子二人、アレクサンダーとキムが賞を受けた。とうとう2009年、国際的な圧力が高まったため、軍事政権は20年ぶりにビルマ総選挙を行うことにした。2010年11

---

**WORDS & PHRASES**

■diagnose 動診断する　■prostate 名前立腺　■Pope 名ローマ法王　■plead 動嘆願する　■run for office 公職選挙に出馬する　■enrage 動激怒させる　■on one's behalf 代理で

November 7, 2010, but again, Aung San Suu Kyi was not allowed to participate. In support of their leader, the National League for Democracy boycotted the election. Just six days after the election, on November 13, 2010, Aung San Suu Kyi was released from house arrest.

Since her release, Aung San Suu Kyi has continued to fight for democracy and human rights in Burma. In January 2012, Suu Kyi was allowed to register for a seat in Parliament. On April 1, 2012, Suu Kyi won the seat and is now a Member of the Pyithu Hluttaw (or Burmese House of Representatives) for the district of Kawhmu, a part of Yangon. Suu Kyi is the Leader of the Opposition.

On June 16, 2012, Aung San Suu Kyi was finally able to give her Nobel Peace Prize acceptance speech in Oslo, more than twenty years after being awarded the prize. Today, Suu Kyi continues to receive wide international support, and many hope that she will one day bring true democracy to Burma.

**アウンサンスーチー**

月7日、選挙は実施されたが、またもやアウンサンスーチーは参加を許されなかった。党首を支持して、国民民主連盟は選挙をボイコットした。選挙からわずか6日後の2010年11月13日、アウンサンスーチーは軟禁を解かれた。

　解放後、アウンサンスーチーはビルマにおける民主化と人権のために戦い続けた。2012年1月には国会議員選挙への立候補手続きを許された。2012年4月1日、スーチーは当選し、今ではヤンゴンのカウムー地方区選出の国民代表院（ビルマの下院）議員である。また、野党の党首でもある。

　2012年6月16日、アウンサンスーチーは、受賞してから20年以上経てようやく、オスロでノーベル平和賞の受賞スピーチをすることができた。現在は、幅広い国際支援を受け続け、彼女がいつかビルマに真の民主化をもたらすことを多くの人が願っている。

---

**WORDS & PHRASES**

■Parliament 图国会、議会　■House of Representatives 下院　■district 图地区　■Opposition 图野党

## 英語解説 *Words and Phrases* スピーチを読み解く鍵

*p.48(1)* **It is not power that corrupts but fear.**
権力が堕落させたのではありません。恐怖が彼らを堕落させたのです。

　It is A that B で「B なのは A だ」という意味です。この用法を強調構文と言います。元の文の強調したい部分、主語・目的語・副詞的表現などを It is と that で挟んで強調します。

　It was と that で強調したい部分を挟むのですが、この文は not power を挟んでいます。つまりスーチーは「権力ではないのだ！」ということを強調しているのです。"It is not power that corrupts" を直訳すると「権力ではありませんよ、（彼らを）堕落させたのは」といった感じでしょうか。

　「A ですよ、B なのは」というこの感覚をぜひ覚えておいてください。大事なことは文の最初で述べるという、とても英語らしい表現です。

　　It's tomorrow that he is going to come.
　　明日ですよ、彼が来ることになっているのは。

　not A but B で「A ではなく B だ」という意味です。強調構文と組み合わさって「権力ではありませんよ、（彼らを）堕落させたのは。恐怖なのです」という直訳になります。

　corrupt は他動詞で「（道徳的に人を）堕落させる」という意味です。他動詞ですから本来はうしろに目的語が必要ですが、このエッセイを読んでいる読者には何が堕落したのかはわかりきっていますから書かれていません。むしろ書かれていないことでより力強い表現になっています。メッセージはこうあるべきというお手本のような、短くてシンプルな、エッセイの書き出しにふさわしいインパクトある言葉です。

### アウンサンスーチー

*p.52(2)* **as though I were no longer a part of the real world.**
私はもう現実の世界の一部ではないのかと……。

　仮定法を用いた表現です。as though は as if 〜と同じように考えればよいでしょう。as if 仮定法過去で「あたかも〜であるかのように」という意味です。仮定法では be 動詞は were になるという決まり*がありますから、この文も I was ではなく I were となっています。as if 仮定法とともに、普通の仮定法の例文も載せておきます。
*最近は口語で was を使うネイティヴも増えてきました。

　　That girl talks as if she were Tom's girlfriend.
　　あの子はまるでトムの彼女みたいなしゃべり方をする。

　　If I were a bird, I could fly.
　　もし私が鳥なら、飛ぶことができるのに。

　とても詩的な表現ながら、スーチーさんが自宅に軟禁されていた期間の長さとつらさを思い知らされる一言です。
　さらに言えば、"the real world" という言葉が何とも重い表現です。この世界には自由を謳歌することができる国がある一方で、理由なく人権が抑圧されている国もあります。そのどちらも「現実の世界」で起きていることであり、私たちが目をそらしてはいけない現実なのだ、と教えてくれているようです。


*p.52(3)* **We were not going to be forgotten.**
これで私たちは忘れ去られないだろうと思いました。

　be going to と受動態 be forgotten と組み合わされた表現です。ノーベル賞受賞スピーチを読めば、ビルマの人権問題が世界から忘れ去られてしまうことをスーチーさんは恐れていることがわかります。スーチーさんやこの本に載っている人物に限りませんが、歴史上声をあげた人々は共通して世界に自分たちの問題へ関心を向けてほしいと

訴えてきました。

　人権問題をはじめ、様々な問題を解決するために最も大切なことは人々の「関心」が向けられることです。言い換えれば、人々の「無関心」こそが様々な問題を引き起こし、野放しにしている原因とも言えるでしょう。

　先に解説した "as though I were no longer a part of the real world." とともにこの言葉が持つ重みも、世界中の人々が共有したいものです。

　余談になりますが、私が以前一緒に働いたALTにビルマ(ミャンマー)系アメリカ人2世の方がいました。彼女が日本での任期を終え、アメリカに帰る際に私のクラスで最後の挨拶で以下のようなことを生徒に語ってくださいました。

　「私の両親は、私たちを自由な国で育て教育したいと考えアメリカに亡命しました。そんな両親の努力のおかげで私は大学まで教育を受けることができ、自らの生き方を自らが選択できる人生を歩めています。私は両親の決断と勇気にとても感謝しています。皆さんもぜひ、今の環境に感謝して今後も勉学に励んでください」

　私にとって忘れられない言葉の一つです。

## ミャンマーの春をよぶ
## アウンサンスーチー

　一つの国が様々な試練を乗り越え蘇生してゆくためには、常に数えきれない人々の血が流れ、利害の対立によって、国が分断されることもあれば、内戦に村や町が焼き払われることも多々あります。

　インドと中国の間に挟まれて、20世紀にはイギリスによって植民地化されたビルマは、100年近くの年月をかけ、やっと最近、正常化へのレールを敷くことができたのです。

　日本人はビルマといえば、竹山道雄の小説で映画にもなった『ビルマの竪琴』を思い出します。小説は第二次世界大戦直後のビルマが舞台でした。

　アウンサンスーチーはちょうどその頃1945年の6月に、ビルマの独立運動の父ともいえるアウンサン将軍の娘として生まれています。実はアウンサン将軍は、日本とも少なからぬ縁のある人でした。

　第二次世界大戦時、日本はアメリカやイギリスと敵対していました。そして、日本は中国に築いてきた権益の維持に必死でした。ビルマは、インドと中国に挟まれています。当時インドもビルマもイギリスの植民地でしたから、ビルマから中国へのルートは、イギリスや同盟国アメリカにとって、日本と戦う中国軍への貴重な補給ルートだったのです。

　そんなビルマの戦略的な位置から、日本も積極的にビルマがイギリスから独立するよう支援します。その積極的な支援を受けたのが、若き革命家アウンサン将軍だったのです。

　しかし、日本軍の進出を目の当たりにしたアウンサン将軍は、日本の真の目的はビルマの独立にないことを知り、さらに対日戦を有利に進めるアメリカやイギリスの状況を考え、戦争末期にイギリス側につくことを決意します。

**背景解説**

　戦後、対日協力者だったアウンサン将軍は、イギリスに危険視され、結局32歳の若さで暗殺されてしまいます。1947年、アウンサンスーチーが2歳になったばかりの頃のことです。

　『ビルマの竪琴』は、戦後間もない捕虜収容所にいる旧日本軍と、敗戦間際に戦闘の混乱の中で僧侶となり、戦争の犠牲者を供養する水島上等兵とのやりとりを描いた小説です。実際、日本軍はビルマに侵攻し、そこで数えきれない犠牲者をだしていました。

　それ以前のビルマは、古い王朝が崩壊してゆく中で、複雑な部族対立がおき、その利害をうまく利用したイギリスによって植民地化されていたわけです。1886年のことでした。

　19世紀の混乱期に発生した複雑な部族対立は、今でもビルマの政情に暗い影を落としています。戦後、ビルマは独立をしたものの、冷戦の影響も受け、北部一体は共産主義勢力が支配し、その資金源となる麻薬の密売基地としても世界に知られました。その政情不安がビルマに軍事政権をもたらし、後年のアウンサンスーチーの軍事政権に対する民主化運動につながるのです。

　アウンサンスーチーは、激動の時代を生き、ビルマのイギリスからの独立に命を捧げた英雄の娘です。ビルマで独立運動がはじまったのは、アウンサン将軍の生まれた1915年ごろからのこと。国が安定した民主国家へと脱皮しようとし始めた最近まで、すでに100年近い年月が経過しているのです。

　アウンサン将軍、そしてその娘によるそれぞれが自らの一生をかけた政治活動。

　長い道のりが今その終着点にかかっているのか。多部族の融和、軍事政権との駆け引きなど、まだまだ課題は多く残っているのです。

# *Mother Teresa,*
### Blessed Teresa of Calcutta, M.C., Founder of Missionaries of Charity

## マザー・テレサ
### 福者コルカタのテレサ、神の愛の宣教者、「神の愛の宣教者会」創設者

# Excerpts from Mother Teresa's Nobel Lecture

## given at Oslo City Hall on December 11, 1979

The poor people are very great people. They can teach us so many beautiful things. The other day one of them came to thank and said, "You people who have vowed chastity, you are the best people to teach us family planning. Because it is nothing more than self-control out of love for each other." And I think they said a beautiful sentence. And these are people who maybe have nothing to eat, maybe they have not a home where to live, but they are great people. The poor are very wonderful people. One evening we went out and we picked up four people from the street. And one of them was in a most terrible condition, and I told the Sisters, "You take care of the other three, I will take care of this one that looks worse." So I did for her all that my love can do. I put her in bed, and there was such a beautiful smile on her face. She took hold of my hand, as she said one word only: Thank you—and she died.

マザー・テレサ

# マザー・テレサの
# ノーベル賞受賞講演からの抜粋

## 1979年12月11日、オスロ・シティホールにて

　貧しい人たちは、とてもすばらしい人たちです。美しいことをたくさん教えてくれます。ある日、そのひとりが礼を言いにやって来ました。「貞節を誓ったあなた方は、家族計画というものを教えてくれたとても善良な方たちです。それはお互いに愛する心から生まれた自制心にほかなりませんから」　なんて美しい言葉なんでしょう。おそらく食べ物も、住む家もないのでしょうが、あの人たちはすばらしい人たちです。貧しい人たちは、とてもすばらしい人たちです。ある晩、私たちは外出すると、路上生活者を4人救いました。そのうちの1人の女性はかなり具合が悪く、私はシスターたちにこう言いました。「あなたたちはそちらの3人のお世話をしてください。一番具合の悪そうなこの人は私が看病しますから」そこで私は、愛をこめて、できる限りのことをしました。ベッドに寝かせると、彼女はとても美しい笑みを浮かべました。そして私の手を取り、たったひとこと言いました。「ありがとう」——それから息を引き取りました。

### WORDS & PHRASES

■vow 動 〜を誓う　■chastity 名 貞節

Excerpts from Mother Teresa's Nobel Lecture given at Oslo City Hall on December 11, 1979

(1)I could not help but examine my conscience before her, and I asked what would I say if I was in her place. And my answer was very simple. (2)I would have tried to draw a little attention to myself, I would have said I am hungry, that I am dying, I am cold, I am in pain, or something, but she gave me much more—she gave me her grateful love. And she died with a smile on her face, just as that man whom we picked up from the drain, half eaten with worms, and we brought him to the home.

"I have lived like an animal in the street, but I am going to die like an angel, loved and cared for." And it was so wonderful to see the greatness of that man who could speak like that, who could die like that without blaming anybody, without cursing anybody, without comparing anything. Like an angel—this is the greatness of our people.

*(1), (2) → see page 90*

# マザー・テレサ

　そんな彼女を前にして、わが良心をかえりみずにはいられませんでした。私が彼女の立場だったら何て言っただろうかと、自分に問いかけたのです。答えは簡単でした。自分のことを少しでも気にかけてもらおうとしたでしょう。お腹がすいた、死にそうだ、寒い、痛い。そんなことを訴えたでしょう。でも彼女は、ずっとすてきなものをくれました。感謝に満ちた愛をくれたのです。そして顔に笑みを浮かべたまま亡くなりました。下水から救った男性も同じでした。体の半分がウジ虫に食べられていた彼を、私たちは施設に連れ帰りました。

　「私は動物みたいに路上で暮らしてきましたが、愛され大事にされて、天使のように死ぬでしょう」そんなことが言えて、誰かを責めることも、ののしることもなく、何かと比べたりせず、あのように死んでいける彼の偉大さを見られたのは、とてもすばらしいことでした。ほんとうに天使のようでした——これが私たち人間の偉大さなのです。

---

**WORDS & PHRASES**

■conscience 名良心　■drain 名下水管　■worm 名ウジ虫　■curse 動〜をののしる

Excerpts from Mother Teresa's Nobel Lecture given at Oslo City Hall on December 11, 1979

I believe that we are not real social workers. We may be doing social work in the eyes of the people, but we are really contemplatives in the heart of the world. For we are touching the Body of Christ twenty-four hours.... You too try to bring that presence of God in your family, for the family that prays together stays together. And I think that we in our family don't need bombs and guns to destroy to bring peace—just get together, love one another, bring that peace, that joy, that strength of presence of each other in the home. And we will be able to overcome all the evil that is in the world.

There is so much suffering, so much hatred, so much misery, and we with our prayer, with our sacrifice are beginning at home. Love begins at home, and it is not how much we do, but how much love we put in the action that we do. It is to God Almighty—how much we do it does not matter, because He is infinite, but how much love we put in that action. How much we do to Him in the person that we are serving.

## マザー・テレサ

　私たちは本物のソーシャルワーカーではないと思っています。人の目には社会事業をしていると映るかもしれませんが、世間から離れたところで瞑想生活をしている人間にすぎません。24時間ずっとキリストの体に触れているからです……。あなた方もご家庭で神の存在を感じていられるように心がけてください。一緒に祈る家族は一緒にいられるからです。平和のじゃまをする爆弾や銃は、家庭には必要ないと思います。ただ一緒にいてください。お互いを愛してください。あの平和を、喜びを、お互い一緒にいることの強さを家庭で感じてください。そうすれば、世間にはびこるすべての害悪に打ち勝つことができるでしょう。

　あまりにもたくさんの苦しみや憎しみや不幸がありますので、私たちは、祈ること、犠牲になることを家庭から始めています。愛は家庭から始まります。大切なのは、どれほどたくさんのことをなし遂げるかではなく、どれほどの愛を込めて事をなすかです。神にとって、どれほどたくさんのことをするかは問題ではありません。神は無限ですから。でも、どれほどの愛を込めて事をなすかが求められています。奉仕している人の中にいる神に対して、どれほどのことをするかです。

---

**WORDS & PHRASES**

■contemplative 形 瞑想的な　■in the heart of 〜の奥深くで　■misery 名 不幸
■God Almighty 全能なる神　■infinite 形 無限の　■serve 動 奉仕する

Excerpts from Mother Teresa's Nobel Lecture given at Oslo City Hall on December 11, 1979

The other day I received fifteen dollars from a man who has been on his back for twenty years, and the only part that he can move is his right hand. And the only companion that he enjoys is smoking. And he said to me: "I do not smoke for one week, and I send you this money." <sup>(3)</sup>It must have been a terrible sacrifice for him, but see how beautiful, how he shared, and with that money I bought bread and I gave to those who are hungry with a joy on both sides—he was giving and the poor were receiving. This is something that you and I—it is a gift of God to us to be able to share our love with others. And let it be as it was for Jesus. Let us love one another as he loved us. Let us love Him with undivided love. And the joy of loving Him and each other.... Let us keep that joy of loving Jesus in our hearts, and share that joy with all that we come in touch with. And that radiating joy is real, for <sup>(4)</sup>we have no reason not to be happy because we have no Christ with us. Christ in our hearts, Christ in the poor that we meet, Christ in the smile that we give and the smile that we receive. Let us make that one point: That no child will be unwanted, and also that we meet each other always with a smile, especially when it is difficult to smile.

(3), (4) → see page 91

## マザー・テレサ

　先日、私はある男性から15ドル頂きました。その男性は20年間病気で寝たきりで、右手しか動かせません。唯一の楽しみはタバコを吸うことです。彼は私に言いました。「1週間タバコを吸いませんから、その分のお金をわたします」彼にとっては大変な犠牲だったにちがいありません。でも、どんなに美しい行為だったか、どんな思いで彼が分けてくれたのか、想像してみてください。私はそのお金でパンを買ってお腹をすかした人に与えたので、それはお互いにとっての喜びとなりました。つまり、病気の男性が施しを与え、お腹をすかした貧しい人がそれを受けたのです。あなた方と私がこんなことができるのは、他人と愛を分かち合えるのは、天の賜り物です。ですから、その行為をイエスに対してするようにしましょう。神が愛してくれたように、私たちもお互いを愛しましょう。ひたむきに神を愛しましょう。神やお互いを愛する喜びを持ちましょう……。神を愛する喜びを抱き続け、その喜びを私たちが接するすべての人と分かち合いましょう。その輝かしい喜びは本物です。私たちは実際にキリストのそばにいなくても、幸せでいられますから。なぜならキリストは心の中にいます。出会う貧しい人たちの中にいます。私たちが与える笑みの中に、受ける笑みの中にいます。忘れないようにしましょう。望まれない子供などいないことを。そして、特に笑うのが難しいときこそ、笑みを絶やさずにお互いに会うことも。

---

**WORDS & PHRASES**

■on one's back 病床について　■companion 名仲間、友　■radiating 形光を放つ

# Mother Teresa

## Blessed Teresa of Calcutta, M.C., Founder of Missionaries of Charity (1928–1997)

Born August 26, 1910, in Üsküp, Ottoman Empire
(now Skopje, Republic of Macedonia)
Died September 5, 1997, in Calcutta, India

Mother Teresa has become world-famous for her works of compassion and charity, and some call her a modern-day saint. Despite her international fame, she lived her life in poverty and devoted all her energies to helping, in her own words, "the hungry, the naked, the homeless, the crippled, the blind, the lepers, all those people who feel unwanted, unloved, uncared for throughout society, people that have become a burden to the society and are shunned by everyone." For her work, she won a Nobel Peace Prize in 1979. These acts of compassion, she said, were acts of faith and love for God. When she died in 1997, the world mourned the loss of a truly compassionate woman.

Agnes Gonxha Bojaxhiu was born on August 26, 1910, to Albanian parents in a town that is now the capital of Macedonia. She was the youngest child in her family and was always fascinated by stories of saints and missionaries. By the time she was twelve years

**マザー・テレサ**

# 福者コルカタのテレサ、神の愛の宣教者、「神の愛の宣教者会」創設者
(1928–1997)

1910年8月26日、オスマン帝国ユスキュプ
(現マケドニア共和国スコピエ)で生まれる。
1997年9月5日インドのコルカタ(旧カルカッタ)で逝去。

　マザー・テレサは思いやりある慈善活動のために世界的に有名になった。「現代の聖人」とも呼ばれている。国際的な名声を得たにもかかわらず、貧しい生涯を送り、本人の言葉を借りるなら、「飢えた人。服のない人。家のない人。手足の不自由な人。目の見えない人。ハンセン病患者。社会の至るところにいる、望まれず、愛されず、ないがしろにされていると感じる人。社会の荷物となり、誰からも避けられている人」を助けることに全力を注いだ。その業績が評価されて、1979年にノーベル平和賞を受賞した。こうした思いやりある行動は、神への信仰と愛の行為だと彼女は言った。マザー・テレサが1997年に逝去すると、世界中が慈悲に満ちた女性の死を悼んだ。

　アグネス・ゴンジャ・ボヤジュは、1910年8月26日、現在はマケドニアの首都となっている町で、アルバニア人の両親の下に生まれた。末っ子で、いつも聖人や宣教師の話に興味をそそられた。

---

**WORDS & PHRASES**

■crippled 名 手足の不自由な人　■leper 名 ハンセン病患者　■burden 名 重荷
■shun 動 〜を避ける　■missionary 名 宣教師

old, Agnes had decided that she would live a religious life. When she was eighteen years old, she fulfilled this promise and left home to join the Sisters of Loreto, a group of nuns who do charity work around the world. She never saw her mother again.

In 1929, after learning English at the Loreto Abbey in Ireland, Agnes went to Darjeeling, India, to begin teaching at a school. In 1931, she took her first vows as a nun and chose to be named Teresa, after Thérèse de Lisieux, the patron saint of missionaries. She was now known as Sister Teresa.

Sister Teresa went to work at a school in Entally in Calcutta, where she stayed for almost twenty years. However, she was always concerned about the poverty she saw on a daily basis in Calcutta. In 1946, she realized her true calling: she was to leave the convent where she lived and to begin living and working among the poor. She felt that this was a direct order from God, and so she did just that.

Sister Teresa received some basic medical training in Patna, India, and began working with the poor in 1948. She wandered through the slums of Calcutta, trying to give aid to anyone who seemed to need it. But it was difficult just to find shelter and food for herself, let alone supplies and facilities for the sick and poor. Sister Teresa was tempted to return to the comfortable life she had at the convent, but she refused to give up and continued to work.

**マザー・テレサ**

12歳になるころには修道生活を送ろうと決心していた。18歳になるとこの決意を実行し、家を出て、世界中で慈善事業をしている修道女の団体であるロレット女子修道会に入会した。以降、二度と母親に会うことはなかった。

1929年、アイルランドのロレット女子修道会で英語を学ぶと、アグネスはインドのダージリンに赴き、教職に就いた。1931年には修道女として初誓願を立て、宣教師の守護聖人リジューのテレーズにちなみ、テレサという修道名を選んだ。そこでシスター・テレサと呼ばれるようになった。

シスター・テレサは、コルカタのエンタリーにある学校で教職に就き、約20年間その地にとどまった。しかしコルカタで毎日のように目にする貧困がいつも気がかりだった。1946年になると、真の天職が何であるかを悟った。自分は、住んでいる修道院を出て、貧しい人たちと一緒に暮らしながら働く運命にあると気づいたのだ。これが神からの直接の命令だと感じたので、実行に移したにすぎなかった。

シスター・テレサはインドのパトナで基本的な医療研修を受け、1948年に貧しい人の世話を始めた。コルカタのスラム街を歩き回り、援助が必要に見える人は誰でも救おうとした。だが病人や貧しい人のための物資や施設はもちろん、自分の宿と食事を見つけるのさえ難しかった。シスター・テレサは、修道院での快適な生活に戻りたい誘惑にかられたものの、あきらめようとはせず働き続けた。

**WORDS & PHRASES**

■nun 名 修道女 　■calling 名 天職、使命　 ■shelter 名(最低限の)住まい
■convent 名 女子修道院

In 1949, a group of young women were moved by Sister Teresa's work and joined in her mission. In 1950, Sister Teresa was granted permission by the church to start an organization that later became the Missionaries of Charity. As the head of her order, and for the care she was giving to so many people, she came to be known as Mother Teresa.

The Missionaries of Charity started small with a total of thirteen members in Calcutta, but Mother Teresa worked tirelessly, expanding and growing the services of her order year after year. In 1952, she opened her first Home for the Dying, where people with no home or money received medical care in a clean facility until the time of their death. Each person, regardless of religion, was offered the kind of funeral they wanted: Catholics were read the Last Rites, Hindus were given water from the Ganges, and Muslims were read passages from the Quran.

Mother Teresa also began to open orphanages and clinics for people with leprosy, and her organization expanded to other countries. By the 1970s, Mother Teresa had gained international fame, and in 1979, she was awarded the Nobel Peace Prize. In addition to all this, if there was a crisis somewhere in the world that left people destitute, Mother Teresa was there to help. She traveled to war-torn Lebanon to evacuate children from a Beirut hospital during a battle between Israelis and Palestinians. She helped the victims of Chernobyl,

# マザー・テレサ

　1949年、感銘を受けた若い女性たちがシスター・テレサの活動に加わった。1950年、シスター・テレサはある組織を設立する許可を教会から得た。これが後の「神の愛の宣教者会」だ。彼女は修道会のリーダーとして多くの人たちの世話をしていたことから、マザー・テレサと呼ばれるようになった。

　「神の愛の宣教者会」はコルカタで計13人のメンバーで細々と始めたが、マザー・テレサは懸命に働き、年々、修道会の奉仕事業を広げ成長させていった。1952年には初めて「死を待つ人の家」を開設した。家も金もない人たちが、死ぬまで清潔な施設で医療を受けられる場所だ。彼らは、宗教を問わず、本人の望む葬式をしてもらえた。カトリック教徒には臨終の祈りが読まれ、ヒンズー教徒はガンジス川の水で清められ、イスラム教徒にはコーランの一節が読まれた。

　マザー・テレサは児童養護施設やハンセン病患者のためのクリニックも開設し、彼女の修道会は国外にまで広がった。1970年代にはマザー・テレサは国際的名声を博しており、1979年にはノーベル平和賞を受賞した。さらに、人々を貧困に陥れる危機が世界のどこかであれば、支援に駆けつけた。イスラエル・パレスチナ戦争中には、戦禍を被ったレバノンに赴き、ベイルートの病院から子供たちを避難させた。チェルノブイリの被害者を支援し、エチオピアの貧困者には食料を提供した。

---

**WORDS & PHRASES**

■grant 動（許可などを）与える　■orphanage 名 児童養護施設　■leprosy 名 ハンセン病　■destitute 形 困窮した　■evacuate 動 ～を避難させる

and she gave food to the needy in Ethiopia.

Mother Teresa suffered her first heart attack in 1983, and since then she continued to have heart, lung, and kidney problems. After falling too ill to work, Mother Teresa stepped down from her position as head of the order of the Missionaries of Charity. She passed away on September 5, 1997, when she was eighty-seven years old. By the time of her death in 1997, the Missionaries of Charity included over 4,000 nuns working all over the world. They ran hospitals, homes for the dying, orphanages, homes for people with HIV/AIDS, soup kitchens, homeless shelters, refugee centers, and more.

The government of India held a public funeral for Mother Teresa, and her death was mourned internationally. Today, there are memorials dedicated to Mother Teresa all over the globe, and she is considered one of the greatest humanitarians of the century.

## マザー・テレサ

　マザー・テレサは1983年に初めて心臓発作を起こし、それからは、心臓、肺、腎臓を患い続けた。病気が重くなり働けなくなると、「神の愛の宣教者会」の総長職を退いた。1997年9月5日、マザー・テレサは87年の生涯を終えた。そのころには、「神の愛の宣教者会」の修道女は4000人を超え、世界中で活動を続け、病院、末期患者のためのホスピス、児童養護施設、HIV・AIDS患者のための家、炊き出し施設、ホームレス保護施設、難民収容所等を経営するまでになっていた。

　インド政府はマザー・テレサのために国葬を執り行い、世界中の人が彼女の死を悼んだ。今日、世界中に彼女にささげられた記念碑があり、マザー・テレサは20世紀でもっとも偉大な人道主義者のひとりだと考えられている。

### WORDS & PHRASES

■kidney 图腎臓　■pass away 死去する　■soup kitchen 炊き出し施設
■humanitarian 图人道主義者

| 英語解説 | ***Words and Phrases*** スピーチを読み解く鍵 |

*p.76(1)* **I could not help but examine my conscience before her.**
私は彼女を前にして自分の良心を確かめずにはいられませんでした。

　can't help but 〜で「〜せずにはいられない」という意味です。can't help 〜ingという言い方もありますので一緒に覚えてしまいましょう。

　I can't help thinking I could have saved them.
　彼らを救えたのにとつい考えてしまう。

　そしてマザー・テレサは自らに問いかけます「もし自分が彼女だったら何と言うだろうか?」と……。

*p.76(2)* **I would have tried to draw a little attention to myself, I would have said I am hungry.**
私だったら自分に少しでも関心をひこうとしたり、空腹だと訴えたでしょう。

　仮定法が用いられています。「過去の事実に反すること(あの時〜だったら)」は過去完了形(had + 動詞の過去分詞形)で表します。この文はマザー・テレサが「もし自分があの時の彼女だったら」という過去の事実に反する仮定の話をしていますから仮定法過去完了形で表現されています。

《仮定法過去完了の例文》
　If I had not taken her advice, I would have lost the game.
　　もし私が彼女の忠告に従っていなかったら、試合に負けていただろう
　　(実際は試合に勝った)。

仮定法も日本人がつまずきやすい文法の一つですが、頻繁に使われる文法です。ぜひ慣れていただき、使いこなせるようになってください。

それにしても「愛の人」とまで呼ばれたマザー・テレサのこの独白には、ただただ頭が下がります。

p.80(3) **It must have been a terrible sacrifice for him.**
それは彼にとってはとんでもない犠牲だったに違いありません。

must have 過去分詞で「〜したに違いない」という意味です。このように助動詞と完了形が一緒になって慣用的な意味を表す表現があります。

You may have heard the story before.
君はこの話を以前に聞いたことがあるかもしれないね。

He must have told a lie.
彼は嘘をついているに違いない。

I should have studied English more.
僕はもっと英語を学習すべきだったのに。

この言葉のエピソードもマザー・テレサの慈悲深い愛を感じることのできる話です。マザー・テレサの崇高な精神をぜひ読者の皆さんと共有したいと思いここに取り上げました。

p.80(4) **we have no reason not to be happy because we have no Christ with us.**
キリスト教徒でないことが、幸せになれない理由にはなりません。

マララの言葉とともにぜひ紹介したいと思い取り上げました。have no reason to 〜で「〜する理由はない」となります。have no Christ with usは「キリストが自分たちの心のなかにいない」つまり「キリスト教を信仰していない」という意味です。
　神の名の下に他宗教を排斥する者もいれば、神の名の下に分け隔てなく愛を与える人もいます。とても皮肉で胸が痛む現実がこの世界にはあります。
　我々人類が今後どのような世界を築いていくべきなのか……、マザー・テレサが世界に示した「愛」の在り方が私たちに道を指し示しています。

**マザー・テレサ**

**背景解説**

# 宗教をこえて愛を唱えたマザー・テレサ

　人類にとって宗教の果たす役割は、いうまでもなく大きなものです。しかし、残念なことに、宗教が常に人々を幸福へ導いていったかといえば、それは否となります。

　人類が「神」という存在を認識して以来、多くの人は自らの信仰を正当化し、他の宗教活動を排斥する中で、数限りない殺戮を繰り返してきたのです。現在でも、たとえばイスラム教とヒンドゥ教との間、あるいはキリスト教とイスラム教の間など、世界の様々な地域で宗教の違いが原因となる紛争は跡をたちません。

　現代史をみるならば、第二次世界大戦下のナチスドイツとその占領地域で行われたユダヤ人への虐殺や、ほんの20年前におきたボスニアなどでのイスラム教徒への迫害などは、いまだ人々の心に深い傷を残しています。

　また、宗教は時として、差別をも社会に産み出します。征服者の宗教が非征服者の宗教と異なる場合、さらには宗教の教義の中にある因習などによって、多くの人々はレッテルを貼られ、長年にわたって不当な扱いに苦しんできたのです。

　マザー・テレサの活動したインドでは、いまだに人々の中に昔からあったカースト制度からくる意識が強く、身分の低い者への差別や虐待事件が頻発しているのです。ですから、人々は本能的に他の宗教が自らの村やコミュニティに入り込むことを恐れ、警戒します。宗教が社会の隅々にまで浸透し、人々の行動規範に大きな影響を与えているインドにおいて、外国人であり、かつカトリック信者である彼女が、ここまで貧困層の救済活動に献身的になれたことは、それ自体が奇跡であるといっても過言ではないのです。

**背景解説**

　マザー・テレサが、多くの人々に受け入れられたことの背景には、彼女がこうした宗教の暗部を乗り越え、他の宗教にも敬意を払いつつ、貧しい人々を救済し続けたことに起因しています。実際、彼女のホスピスで最期を迎えた人は、その人の属する宗教で葬儀が行われ、カトリックとしての教化活動は行われなかったといわれています。

　彼女の活動拠点であったインドの宗教といえば、多くの人はヒンドゥ教を想像します。しかし、インドの宗教は実に複雑です。カトリックはもちろんマイノリティで、ほとんどの人がヒンドゥ教やイスラム教の信者ではあるものの、さらにジャイナ教や、シーク教、そしてゾロアスター教など、無数の宗教が共存しているのです。そして、宗教的な因習や貧富の差も激しく、貧しい人々は教育を受ける機会もなく、不衛生で無秩序な生活から抜け出せずに苦しんでいます。

　それに加えて、インドでは、歴史的な背景もあって、長い間ヒンドゥ教とイスラム教との間の対立が続いています。もしマザー・テレサが、カトリックの名のもとに貧しい人々を救済し、改宗へと導こうとしていたなら、彼女はこの複雑なインド社会から受け入れられることはなかったはずです。

　グローバル化する現在社会において、多様な価値観を尊重し合う姿勢を貫くことは、世界を平和に導き、ビジネスに代表される人々の様々な活動を成功させるために最も必要なアプローチといえます。

　マザー・テレサの偉大なところは、彼女が人々を救済するという、極めて宗教的なモチベーションに支えられながら人々へ愛の手を差し伸べながらも、この社会の多様性への敬意を捨てずに活動を続けたことにあるのです。そして、この考え方が、未来へと人類を導く強い牽引力となっていることは、いうまでもないことなのです。

# *Sadako Ogata,*
## United Nations High Commissioner for Refugees

## 緒方貞子
### 国連難民高等弁務官

# Excerpts from the "Preventing Future Genocide and Protecting Refugees" speech

## given at the United States Holocaust Memorial Museum on April 30, 1997

Today's system of international refugee protection was born out of the Holocaust. At the end of the Second World War, there were millions of refugees and displaced persons in Europe. One of the major challenges to the newly created United Nations was finding homes for these survivors, who were traumatized and packed into crowded camps but could not return to their former homes. It soon became clear that a massive program of resettlement to new countries of asylum was the only answer. America was such a country. You opened your doors and received numerous victims of the Holocaust.

**緒方貞子**

# 「将来の大虐殺防止と難民保護」についてのスピーチからの抜粋

## 1997年4月30日、米国ホロコースト記念博物館にて

　現在の国際難民保護体制は、ホロコーストから生まれました。第二次世界大戦が終わると、ヨーロッパは何百万もの難民や避難民であふれ返っていました。新設された国連にとって主な課題のひとつは、こうした生存者のために家を見つけることでした。彼らは精神的なショックを受け、大勢の収容者とともにキャンプに詰め込まれ、以前住んでいた家に戻ることができずにいました。新しい庇護国に再定住する大規模な計画が唯一の解決策であることが、まもなく明らかになりました。アメリカはこの新しい国でした。あなた方は扉を開け、ホロコーストの被害者を数多く受け入れてくださったのです。

**WORDS & PHRASES**

■genocide 名大虐殺　■Holocaust 名大虐殺　■traumatize 動〜に精神的ショックを与える　■asylum 名収容施設

Excerpts from the "Preventing Future Genocide and Protecting Refugees" speech given at the United States Holocaust Memorial Museum on April 30, 1997

Despite their painful personal histories, these re-settled refugees created successful new lives. Some of them or their children may be in this audience. Their success is an eloquent testimony to the resilience of the human spirit. I also salute the many voluntary agencies who helped the refugees of the past and are helping the refugees of today.

At the same time the immediate problem of European refugees was being addressed in the years after the war, it became apparent that a new international system had to be created to establish human rights and to protect refugees. One lesson drawn from the Holocaust was that a government that starts out by terrorizing its own citizens will progress to threatening its neighbors. States recognized that human rights were a cornerstone of international peace and security and pledged to promote them. As part of this new commitment to human rights, the right to seek and enjoy asylum was included.

**緒方貞子**

　痛ましい過去を抱えながらも、再定住した難民はこうして新たに幸せな生活を築きました。この聴衆の中には、そうした方々や、お子さんたちがいるかもしれません。彼らの成功は、人間の精神の回復力がいかに強いかを雄弁に物語っています。過去の難民を援助し、現在の難民もまた助けてくださっている多くのボランティア機関にも敬意を表します。

　同時に、ヨーロッパ難民の緊急課題が戦後数年たっても解決できずにいましたので、人権を確立し難民を守るために新しい国際体制を設ける必要があることが明らかになりました。ホロコーストから得た教訓のひとつは、自身の国民を恐怖に陥れることから始める政府は、次に隣国を威嚇するようになるということです。各国は、人権は国際的な平和と安全にとって土台となるものだと悟り、人権を促進しようと誓いました。こうした人権に対する新たな取り組みの一環として、庇護を求め、享受する権利も加わりました。

●

**WORDS & PHRASES**

■eloquent 形雄弁な　■testimony 名証拠、証明　■salute 動敬意を表する
■terrorize 動恐れさせる　■cornerstone 名土台　■pledge 動誓う

Excerpts from the "Preventing Future Genocide and Protecting Refugees" speech given at the United States Holocaust Memorial Museum on April 30, 1997

The main question is: have we learnt sufficiently from the past? First, are we doing enough to prevent new genocides? Second, are we doing enough to make sure at least that those escaping from genocidal situations find safety and protection? You may find my questions rhetorical. Indeed they are. [1]Looking at the killing fields of Cambodia, the ethnic cleansing in Bosnia and the genocide in Rwanda, I am afraid we have not done enough....

Why did it take until August 1995 before the people of Sarajevo and other besieged cities in Bosnia were saved by NATO and peace was pushed through? Is neutrality morally and practically viable in the face of widespread atrocities? Why was no country prepared to step into Rwanda at the height of genocide in 1994? Why was the Multinational Force, which had been authorized to come to the rescue of hundreds of thousands of refugees in eastern Zaire, canceled in December of last year? Thousands of people have perished in eastern Zaire since then. The answer to these questions seems clear. It is because the major powers perceived no strategic interest or because their interests did not converge. In that sense the situation does not fundamentally differ from the Cold War years when political interests, stemming from ideological confrontation, were a cause for not halting the killing fields of Cambodia.

(1) → see page 114

**緒方貞子**

　私たちが過去から十分に学んできたかは、大いに疑問です。まず、新たな大虐殺を防ぐよう十分手を尽くしているでしょうか？次に、大量虐殺の状況から逃げてくる人たちが、せめて安全と保護を得られるように十分努めているでしょうか？　修辞的な疑問だと皆さんはお気づきかもしれませんね。たしかにそうです。カンボジアの戦場や、ボスニアの民族浄化や、ルワンダ大虐殺を振り返ってみると、私たちはまだ十分なことをしていないのでは、と不安になるのです……。

　サラエボをはじめ、ボスニアの包囲された町の人たちがNATOによって救出され、平和が達成されるのに、どうして1995年8月までかかったのでしょうか？　残虐行為がはびこる状況では、道徳的・実際的見地からみて、中立政策は果たして実行可能でしょうか？　1994年の大虐殺の真っただ中に、どうしてどの国もルワンダに踏み込む用意ができていなかったのでしょう？　東ザイールの何十万もの難民救出に向かう許可が得られたというのに、どうして多国籍軍は昨年12月に派遣が取りやめになったのでしょうか？　それ以来、何千人もの人たちが東ザイールで命を落としてきました。こうした疑問への答えは明らかです。主要国が戦略上の利益を認めなかったからです。あるいは、各国の利益が一致しなかったからです。その点では、状況は冷戦時代から根本的に変わっていません。イデオロギーの対立から生じる政治的利益が、カンボジアの虐殺を食い止められない要因となったあの時代から変わっていないのです。

---

**WORDS & PHRASES**
- rhetorical 形 修辞上の　■besieged 形 包囲された　■viable 形 実行可能な
- atrocity 名 残虐行為　■perish 動 死ぬ　■converge 動 (一点に)まとまる
- stem from 動 〜から生じる　■halt 動 〜を止める

Excerpts from the "Preventing Future Genocide and Protecting Refugees" speech given at the United States Holocaust Memorial Museum on April 30, 1997

In my view there can be no true globalization if it is only economic, if we do not even reach out to halt genocidal situations. While respecting cultural diversity, <sup>(2)</sup>true globalization means universal respect for human rights, of the positive side of man, of the responsibility to provide protection against evil. That is at the heart of refugee protection. Now, we have to take it one step further and be prepared to halt the worst evil at its source. That is my hope at the threshold of the next millennium. We need determined political leadership. We need citizens like you who are prepared to look beyond the domestic horizon and who can spur reluctant politicians into action. I understand why they want to avoid risks involving soldiers in a faraway land. One of the reasons why we need an energetic and effective United Nations is to mitigate these risks through international burden-sharing. It is also why I advocate the establishment of an early and rapid deployment capability to intervene in the worst crisis situations. Such a capability would prevent escalation, would save money, and what is more important: would save lives.

●

*(2) → see page 115*

## 緒方貞子

　グローバル化は、経済的なものにとどまるなら、あるいは大虐殺の状況を食い止めようと私たちが援助の手を差し伸べさえしないなら、本当の意味では達成されないと思います。文化の多様性を尊重しながらも、真のグローバル化を達成するには、人権や、人間の肯定的側面や、悪を防ぐ責任感を普遍的に尊重すべきです。そうした考えが難民保護の中心にあるのです。今、私たちはさらに一歩進んで、最大の害悪を根絶する用意をしなくてはいけません。それが次のミレニアムを目前にした私の願いです。断固たる政治的リーダーシップが必要です。そして、国内視野を越えて見る用意があり、腰の重い政治家に行動を起こさせることができる、あなた方のような民間人も必要です。遠い国で兵士を巻き添えにするリスクを避けたいわけは、理解できます。私たちが強力で実効性のある国連を必要とする理由の1つは、国際的に責任を分担することで、こうしたリスクを緩和するためです。ですから私は、最悪の危機的状況に介入する迅速な展開能力を確立するべきだと申し上げます。そうした能力があれば、戦争拡大を食い止め、経費を節約し、もっと大切なことには、命を救えるのです。

●

### WORDS & PHRASES

■threshold 名入口　■spur 動〜を急き立てる　■reluctant 形腰の重い
■deployment 名展開　■intervene 動介入する

Excerpts from the "Preventing Future Genocide and Protecting Refugees" speech given at the United States Holocaust Memorial Museum on April 30, 1997

Why do we still care about asylum? Because, as in the past, it is the safest mechanism when all other human rights protections fail. I have three pleas. First, while managing immigration as a legitimate concern, (3)do not shut out those fleeing for their lives and freedom. Unlike others, refugees do not have a choice. Second, I urge opinion leaders such as yourselves to de-dramatize and de-politicize the asylum debate. Do not let racists and xenophobes set the agenda. Asylum issues are manageable, particularly in Western countries. The total number of asylum-seekers in the West has been falling. It is neither necessary nor helpful to invoke an atmosphere of crisis in setting refugee policy. Third, I would ask you to maintain perspective. Throughout the ages, many refugees have enriched societies. Einstein was a refugee. Madeleine Albright was one. And refugee problems can be solved. Millions of people do find refuge and millions eventually do go home. Most refugees want desperately to go home, and their return is the most gratifying sight I see as I travel the world.

### 緒方貞子

　私たちはなぜ、今でも庇護に関心があるのでしょうか？　過去においてそうだったように、いかなる人権保護が失敗するときでも、それはもっとも安全なメカニズムだからです。皆さんにお願いが3つあります。まずは、入国を管理するのは当然ですが、命と自由を求めて逃げてくる人たちを閉め出さないでください。他の人とはちがって、難民には選択の余地がありません。次に、あなた方のようなオピニオン・リーダーが庇護論争を脚色しないよう、政治的に利用しないようぜひともお願いします。人種差別主義者や外国人嫌いに格好の標的を提供するようなことをしてはいけません。庇護問題は特に欧米では扱いやすい問題で、庇護申請者の総数は減ってきています。難民政策を掲げる際に危機感をあおる必要はありませんし、そんなことは役に立ちません。3番目に、常に広い視野を持ってもらいたいと思います。遠い昔からずっと、多くの難民が社会を豊かにしてきました。アインシュタインは難民でした。マデレーン・オルブライトもそうです。そもそも難民問題は解決可能です。何百万もの人が避難し、何百万もの人が最終的には故国に帰っています。大半の難民は帰りたいと切に願っていますから、私が世界各地を旅するときに、彼らが帰国する様子を目にするほど喜ばしい光景は他にありません。

---

**WORDS & PHRASES**

- plea 名 嘆願　■legitimate 形 正当な　■de-dramatize 動 脚色する
- de-politicize 動 政治的に利用する　■xenophobe 名 外国人嫌いの人
- desperately 副 切実に

# Sadako Ogata
## United Nations High Commissioner for Refugees (1991–2001)
### Born September 16, 1927 in Tokyo, Japan

Sadako Ogata is one of Japan's most outspoken female public figures. At eighty-six years old, she is also one of Japan's longest-serving public figures. For ten years, she served as the United Nations High Commissioner for Refugees, and she has worked tirelessly ever since to improve the lives and political situation of the world's most disadvantaged people, earning many international peace prizes and honors. Breaking all stereotypes of the traditional Japanese woman, Sadako Ogata has been a major force and leading figure in Japan's complex field of international relations for decades.

In September of 1927, Sadako Nakamura was born in Tokyo to a famous political family. Her father was a diplomat, and her mother was a grandchild of Inukai Tsuyoshi, a leading politician who became the prime minister of Japan from 1931 to 1932. Growing up in such a family, Sadako naturally became engaged in world affairs from a young age.

# 国連難民高等弁務官
(1991–2001)

1927年9月16日、
東京に生まれる。

　緒方貞子は日本でもっとも率直な発言をする女性の公人のひとりだ。86歳の彼女は、公人として日本一長く活動を続けているひとりでもある。国連難民高等弁務官を10年間務め、以来ずっと、世界でもっとも恵まれない人々の生活や政治的状況を改善するためにたゆまぬ努力を続け、多くの国際的な平和賞や栄誉を得ている。伝統的な日本女性の殻を破って、緒方貞子は、数十年ものあいだ、日本の複雑な国際関係分野において大きな影響力を持つ第一人者であり続けてきたのだ。

　1927年9月、東京で、中村貞子は有名な政治家の家系に生まれた。父は外交官で、母は、1931年から32年にかけて日本の首相を務めた大政治家である犬養毅の孫だった。そうした家系で育ち、貞子は自然と幼いころから世界情勢に関心を持つようになった。

### WORDS & PHRASES

■high commissioner 高等弁務官　■serve 動勤務する　■major force 強い影響力を持つ人物　■diplomat 名外交官

Sadako was given one of the best educations possible at the time. For high school, she attended Caitlin Gabel School in Portland, Oregon, in the United States. She graduated in 1946 and went on to the University of the Sacred Heart in Tokyo where she earned her bachelor's degree. Her own academic interests drove her to pursue further degrees: a master's in international relations at Georgetown University in Washington, D.C., and a PhD in political science at the University of California, Berkeley.

After completing her education, Sadako married banker Shijiro Ogata and started a family, but she kept up an academic career. While raising a son and daughter, she gave lectures on international relations at the International Christian University and University of the Sacred Heart, both in Tokyo. At the International Christian University, she became an associate professor of diplomatic history and international relations. In 1980, she became the dean of the Faculty of Foreign Studies at Sophia University (Jochi Daigaku) in Tokyo.

Although this was a full load of work, there was much to be done in the field of international relations, and Ogata liked to stay busy. She began to combine her role as a professor with a role as a diplomat. From 1976 to 1978, Ogata served as a minister at the Permanent Mission of Japan to the United Nations. Immediately after that, she became the Chairman of the Executive Board of UNICEF, the United Nations Children's Fund.

## 緒方貞子

　貞子は当時としては最良の教育を与えられた。高校は、米国オレゴン州ポートランドのカトリン・ゲイブル校に通った。1946年に高校を卒業すると、東京の聖心女子大学に進み、学士号を取得した。学問への関心が高く、さらに上級の学位を取ることを望み、ワシントンD.C.のジョージタウン大学で国際関係論の修士号、カリフォルニア大学バークレー校で政治学の博士号を得た。

　学校教育を終えると、貞子は銀行員の緒方四十郎と結婚し子をもうけたが、学問の道を進み続けた。長男と長女を育てながら、東京の国際基督教大学と聖心女子大学で国際関係の講師を務め、国際基督教大学では外交史と国際関係の准教授にまでなった。1980年からは東京の上智大学で外国語学部長を務めた。

　仕事に追われはしたものの、国際関係の分野でなすべきことは多く、緒方は忙しくしているのが好きだった。そこで外交官的役割と教授とを兼務するようになった。1976年から1978年にかけては、国際連合日本政府代表部の公使を務めた。その後はすぐに国連児童基金（ユニセフ）の執行理事会議長となった。しかし緒方本人の話

---

**WORDS & PHRASES**

■keep up 〜を継続する　■associate professor 准教授　■dean 图学部長
■load 图負担、仕事量

However, Ogata says she did not enter the world of major international diplomacy until she was in her fifties, because traditional Japanese culture was hesitant to allow women to fill major political roles at the time.

In 1991, the United Nations General Assembly elected Sadako Ogata to be the United Nations High Commissioner on Refugees, a position that impacts millions of people all over the world. Ogata was elected for a term of three years.

The 1990s was an especially challenging time to be the UN High Commissioner of Refugees because millions of people were fleeing their homes in the aftermath of the Cold War. By the mid-1990s, there were more than 40 million people worldwide who had left their home countries as refugees. In addition, new refugee crises, such as the genocide in Rwanda, were occurring all over the world.

Ogata led a global staff of roughly 5,500 people and expanded the UNHCR to help the overwhelming amount of work that was put upon the Office of Refugees. She did an outstanding job and was reelected for the position twice, making her the High Commissioner from 1991 to 2001, serving for a total of 10 years.

**緒方貞子**

では、50代になるまで国際外交の表舞台には立てなかったそうだ。当時の伝統的な日本文化では、女性に重要な政治的役割を任せるのは抵抗があったからだ。

1991年、国連総会は、緒方貞子を国連難民高等弁務官に選出した。世界中の数百万の人々に影響を与える重要な地位で、任期は3年だった。

1990年代は、国連難民高等弁務官にとって特に苦労の多い時期だった。冷戦の余波で何百万もの人たちが故国を逃れていたからだ。1990年代中頃までには、難民として故国を離れた人は世界各地で4000万人以上にも及んだ。さらにルワンダ大虐殺のような新たな難民危機が世界中で起こっていた。

緒方は、難民局に課せられる膨大な量の仕事を補佐するために、約5500人の国際色豊かなスタッフを率いて、国連難民高等弁務官事務所の業務を広げた。そして目覚ましい業績を上げて2度も再選され、1991年から2001年まで10年間にわたって高等弁務官を務めることとなった。

**WORDS & PHRASES**

■diplomacy 名外交　■hesitant 形渋って、抵抗があって　■aftermath 名余波
■office 名（政府の）局

After Ogata left the UNHCR, she became the president of The Japan International Cooperation Agency (JICA), which strives to reduce poverty around the world, help poor countries with governance, and fight for human rights. Although she stepped down from JICA after serving as president for eight and a half years, Ogata is still receiving awards and honors for her lifetime of work. The most recent prize she was awarded is the Mexican Order of the Aztec Eagle, which was given to her in 2013.

**緒方貞子**

　緒方は国連難民高等弁務官を辞任した後、国際協力機構（JICA）の理事長となった。それは世界中の貧困を減らし、貧しい国の統治を支援し、人権のために戦おうと努める機関だ。緒方は理事長として8年半務めた後、国際協力機構を後にしたが、その生涯にわたる業績に対して今もなお賞や栄誉を受けている。直近に受賞したのは、2013年に授けられたメキシコのアギラ・アステカ勲章だ。

---

**WORDS & PHRASES**

■strive 動（達成のため）努力する　■governance 名統治

## 英語解説 *Words and Phrases* スピーチを読み解く鍵

*p.100(1)* **Looking 〜 , I am afraid we have not done enough…**
〜を見れば、残念ながら私たちは十分な行動をしてこなかったと思えるのです。

　Lookingはlookの現在分詞です。この緒方さんのように現在分詞や過去分詞で始まる語句全体が、副詞の働きをするものを「分詞構文」といいます。表す意味としては「〜なので(理由)」「〜した時に(時)」「〜しながら(同時)」などが主な例ですが、これにあてはめにくい文例も多数あるので、コンマの前後で二つ別々の文に分けて、意味がつながるように訳すとよいでしょう。

　　Being tired, I stayed at home all day.
　　疲れていたので、一日中家にいたよ。

　　Seeing Mary, I was reminded of my daughter.
　　メアリーを見た時に(見たので)、私は娘のことを思い出した。

　I'm afraid (that) 〜で「(残念ながら)〜と思う」という意味で、相手にとって都合の悪い自分の判断や、相手に対する遠慮を丁寧に表す表現です。
　have not doneは現在完了形の否定ですね。現在完了形は日本語にはない文法なので苦手な方が多いようですが、「過去から現在までの行動」というイメージで捉えるとわかりやすいと思います。緒方さんは完了形を用いることで、難民救済に対して「(過去から今まで)十分取り組んでこれなかった」という後悔を表現しているのです。
　最も弱い立場に置かれた人々のために、世界中を駆け巡ってきた緒方さんの、終わることのない戦いを表現しているかのような言葉です。果たしてこの言葉の中のweは誰をさしているのか……。緒方さんのメッセージをしっかりと受け止めたい言葉です。

**緒方貞子**

*p.102(2)* **true globalization means universal respect for human rights.**
真のグローバル化とは、全世界が人権を尊重することなのです。

　直訳すると「真のグローバル化は人権に対する全世界的尊重を意味します」となります。とてもわかりやすい上に説得力のある言葉です。
　この前の文で緒方さんも述べているように、私たちは「グローバル化」と聞けばつい経済的交流の面だけでそのイメージを語ってしまいがちです。難民という最も弱い立場に置かれた人々の「声なき声」の代弁者たる緒方さんのこの言葉は、グローバル化によりますます加速する国家間の経済レースにばかり気をとられがちな私たちに、「何か大切なことを忘れていませんか」と問いかけてくるかのようです。
　この本を手に取られた若い方の中には、将来世界的な仕事をしたいと思い英語を学んでいる方もいらっしゃるかもしれません。我々日本人の大先輩の言葉をぜひ受け継いで、「真のグローバル化」を導くことのできるような人材となり活躍していただきたいと思います。

*p.104(3)* **do not shut out those fleeing for their lives and freedom.**
命と自由を求めて逃げてきた人々を拒絶しないでください。

　those ( who are ) fleeingと補えばわかりやすいでしょう。those who ～で「～であるところの人々」という意味です。fleeは「逃れる」「逃亡する」という意味です。ここで注目していただきたいのはforの用法です。
　forは中学校でも習う前置詞で、「～のために」という意味を皆さんよくご存知だと思います。英語は簡単な単語ほどたくさん定義を持っているものが多いのですが、このforも例外ではありません。
　forには「～を求めて」という意味もあります。例文を見てみましょう。

**I went to supermarket for milk.**
私はミルクを買いにスーパーへ行った。

**She cried for help.**
彼女は助けを求めて叫んだ。

　この本で紹介されている女性たちのスピーチには、「〜を求めて」のforがたくさんでています。ぜひ何度も読み返して確認していただきたいと思います。

**緒方貞子**

背景解説

# 難民問題に心血を注いだ
# 緒方貞子

　マララは、女性が西欧流の教育を受けることを忌み嫌うイスラム原理主義者の銃弾によって、危うく命を奪われるところでした。世界は犯人の非道さを憎み、テロ撲滅の声はますます高まりました。しかし、ここで冷静に考えてみる必要があります。そもそもなぜテロがおきるのかということです。

　たとえば中東のテロの場合、その原点はパレスチナで家を追われた難民の怒りでした。イスラエル建国のとき、ユダヤ系入植者との確執で長年住んでいた家を奪われ、町を追われたパレスチナ人は、自らの国を造ることも許されず、難民となりました。

　彼らの中には、イスラエルやそれを支援するアメリカなどへ怒りをぶつけようと、銃をもって立ち上がった人もいたのです。パレスチナ解放戦線と呼ばれる人々です。いうまでもなく、パレスチナ難民はイスラム教を信奉するアラブ系の人々です。従って、この闘いが、中東のアラブ社会全体に反米、反イスラエル、ひいては反西欧という感情を植えつけます。

　もっと古くは、パレスチナの人々のいた地域は、イギリスを中心とした列強が、自国の権益の拡大にやっきになっていた地域でした。戦後は、ソ連とアメリカの冷戦の中で、大国の政治的な駆け引きの中で、翻弄された地域でもありました。そうした国際政治と紛争の中で親や兄弟を殺戮され、家を失った人々が、やり場のない怒りをどこにぶつけるか。それがテロを生んだ究極の原因だったのです。

　世界は幾度となく戦争をおこし、紛争地域では常に弱者が難民となっています。

　そんな難民を支援し、難民問題を根本から解決しようとして国連に

**背景解説**

設置されたのが、国連難民高等弁務官事務所です。外交官の家に生まれ、女性の権利向上に奔走した市川房枝などとも交遊のあった緒方貞子は、自らも外交官として国連で活躍し、1990年に日本人としてははじめて国連難民高等弁務官という要職についたのです。

彼女はその任期中に、常に難民を産み出す大国のエゴと国際政治の不毛を訴え、アフリカなどで繰り返される部族間闘争による大量虐殺などを放置している国際社会のあり方にメスをいれようと奔走しました。人類の歴史の中で難民は繰り返し造り出され、多くの人々が苦しみました。20世紀になってからの象徴的な事例は、ドイツによるユダヤ人大量虐殺と、その脅威から逃れてきた人々でした。

国連難民高等弁務官事務所は、この教訓によって設立され、以後様々な地域での難民対策に取り組んできたのです。

2014年、アフリカで新たな難民が生まれようとしています。独立間もない南スーダンで、政府軍と反政府組織との対立で多くの死傷者がでているのです。現在、世界中で認定されているだけで1000万人以上、潜在的には4000万人近くの難民が貧困と飢餓、戦闘の恐怖に苦しんでいるといわれています。

緒方貞子が訴える世界が協力し、大国が責任を果たし、お互いの違いを尊重し合う国際社会の創造には、まだまだいくつものハードルが並んでいるのが現実です。

緒方貞子は1927年生まれです。現在でも独立行政法人、国際協力機構（JICA）の特別顧問として、開発途上国の経済発展のために活動しています。グローバル化とは経済的な発展だけでは意味がないと彼女は常に訴えています。人と人との憎悪がなくなり、混迷した地域の問題解決への他の国々や人々の積極的な参加があるような社会造りこそ大切と説いているのです。

緒方貞子は、マララが次世代へと引き継ごうとする理想を育てた、日本を代表する女性なのです。

# *Hillary Rodham Clinton,*
## U.S. Secretary of State

## ヒラリー・クリントン
### 米国務長官

# Excerpts from Hillary Rodham Clinton's speech at the UN Fourth World Conference on Women Plenary Session
given on September 5, 1995, in Beijing, China

What we are learning around the world is that if women are healthy and educated, their families will flourish. If women are free from violence, their families will flourish. If women have a chance to work and earn as full and equal partners in society, their families will flourish. And when families flourish, communities and nations do as well. That is why every woman, every man, every child, every family, and every nation on this planet does have a stake in the discussion that takes place here.

ヒラリー・クリントン

# 国連・第4回世界女性会議
# スピーチからの抜粋

1995年9月5日、
中国北京にて

　私たちが世界中で学んだのは、女性が健康で教育を受けていれば、その一家は栄えるということです。女性が暴力に苦しんでいなければ、一家は栄えるでしょう。女性が、社会において一人前の対等なパートナーとして働いて稼ぐ機会に恵まれたら、一家は栄えるでしょう。そして家族が栄えれば、地域社会も国も栄えるでしょう。ですから、どの女性も男性も、どの子供も、どの家族も、この地球上のどの国も、ここで行われている議論とまさに関わりがあります。

### WORDS & PHRASES

■plenary session　総会、全体会議　■flourish　動 繁栄する　■stake　名 利害関係

Excerpts from Hillary Rodham Clinton's speech at the UN Fourth World Conference on Women Plenary Session given on September 5, 1995, in Beijing, China

I have met new mothers in Indonesia, who come together regularly in their village to discuss nutrition, family planning, and baby care. I have met working parents in Denmark who talk about the comfort they feel in knowing that their children can be cared for in safe, and nurturing after-school centers. I have met women in South Africa who helped lead the struggle to end apartheid and are now helping to build a new democracy. I have met with the leading women of my own hemisphere who are working every day to promote literacy and better health care for children in their countries. I have met women in India and Bangladesh who are taking out small loans to buy milk cows, or rickshaws, or thread in order to create a livelihood for themselves and their families. I have met the doctors and nurses in Belarus and Ukraine who are trying to keep children alive in the aftermath of Chernobyl.

## ヒラリー・クリントン

　インドネシアでは、栄養、家族計画、赤ん坊の世話について話し合うために村に定期的に集まる新米ママたちに会いました。デンマークでは、共働き夫婦に会い、子供たちを安全で面倒見のいい学童保育所で世話してもらえるとわかって安心だと話してくれました。南アフリカでは、かつてはアパルトヘイト終結に向けた戦いを指揮するのに力を貸し、今では新たな民主社会を築くのに尽力している女性たちに会いました。わが半球の各国では、子供たちの読み書きの能力と健康管理を向上させようと日々努めている女性指導者たちに会いました。インドやバングラデシュでは、自分や家族のために生活を築こうと、乳牛、人力車、糸を買うために少額の借金をしている女性たちに会いました。ベラルーシやウクライナでは、チェルノブイリの余波を受けながらも、子供たちを死なすまいと努めている医師や看護士たちに会いました。

### WORDS & PHRASES

- nutrition 名 栄養学　　■apartheid 名 アパルトヘイト、人種隔離政策
- hemisphere 名 半球　　■rickshaw 名 人力車　　■thread 名 糸

Excerpts from Hillary Rodham Clinton's speech at the UN Fourth World Conference on Women Plenary Session given on September 5, 1995, in Beijing, China

The great challenge of this conference is to give voice to women everywhere whose experiences go unnoticed, whose words go unheard. Women comprise more than half the world's population, 70% of the world's poor, and two-thirds of those who are not taught to read and write. We are the primary caretakers for most of the world's children and elderly. Yet much of the work we do is not valued—not by economists, not by historians, not by popular culture, not by government leaders.

### ヒラリー・クリントン

　この会議の大きな課題は、自らの体験を注目してもらえず、話も聞いてもらえない各地の女性たちに思いを伝える機会を提供することです。女性は、世界人口の半分以上、世界の貧しい人の70パーセント、読み書きを教わっていない人の3分の2を占めます。私たち女性は、世界の子供や高齢者の大半にとって主たる世話人です。しかし私たちの仕事の多くは、経済学者からも、歴史学者からも、大衆文化からも、政府の要人たちからも評価されません。

#### WORDS & PHRASES

■comprise 動（部分から）成る、構成される　■caretaker 名世話人

Excerpts from Hillary Rodham Clinton's speech at the UN Fourth World Conference on Women Plenary Session given on September 5, 1995, in Beijing, China

We need to understand there is no one formula for how women should lead our lives. That is why we must respect the choices that each woman makes for herself and her family. (1)Every woman deserves the chance to realize her own God-given potential. But we must recognize that women will never gain full dignity until their human rights are respected and protected.

Tragically, women are most often the ones whose human rights are violated. Even now, in the late 20th century, the rape of women continues to be used as an instrument of armed conflict. Women and children make up a large majority of the world's refugees. And when women are excluded from the political process, they become even more vulnerable to abuse. (2)I believe that now, on the eve of a new millennium, it is time to break the silence. It is time for us to say here in Beijing, and for the world to hear, that it is no longer acceptable to discuss women's rights as separate from human rights.

*(1), (2) → see page 142*

### ヒラリー・クリントン

　女性がいかに生活を送るべきかには公式などないと理解する必要があります。ですから、女性たち一人ひとりが自分と家族のために下した選択を尊重しなければいけません。どの女性も神から授かった能力を発揮する機会が与えられるべきなのです。しかし、人権が尊重され保護されるまで、女性は完全な尊厳を得られないと認識しなくてはいけません。

　悲しいことに、女性のほうが、人権が侵されることが多いものです。20世紀末の現在でさえ、女性のレイプが武力衝突の手段として使われ続けていますし、女性と子供が世界の難民の大半を占めています。また女性は政治プロセスから排除されると、さらに虐待を受けやすくなります。今や、新世紀を前にして、沈黙を破るときだと私は信じています。ここ北京で私たちが声にし、世界が聞くときです。女性の人権を人権から切り離して議論するのはもはや許されないと。

---

**WORDS & PHRASES**

■formula 图公式　■deserve 動〜を受けるに足る　■tragically 副悲しいことに　■violate 動侵害する　■exclude 動〜を排除する　■vulnerable 形攻撃されやすい　■abuse 图虐待

Excerpts from Hillary Rodham Clinton's speech at the UN Fourth World Conference on Women Plenary Session given on September 5, 1995, in Beijing, China

These abuses have continued because, for too long, (3)the history of women has been a history of silence. Even today, there are those who are trying to silence our words. But the voices of this conference and of the women at Huairou must be heard loudly and clearly:

It is a violation of human rights when babies are denied food, or drowned, or suffocated, or their spines broken, simply because they are born girls.

It is a violation of human rights when women and girls are sold into the slavery of prostitution for human greed—and the kinds of reasons that are used to justify this practice should no longer be tolerated.

It is a violation of human rights when women are doused with gasoline, set on fire, and burned to death because their marriage dowries are deemed too small.

It is a violation of human rights when individual women are raped in their own communities and when thousands of women are subjected to rape as a tactic or prize of war.

It is a violation of human rights when a leading cause of death worldwide among women ages 14 to 44 is the violence they are subjected to in their own homes by their own relatives.

## ヒラリー・クリントン

　こうした虐待が続いてきたのは、あまりにも長いあいだ、女性の歴史が沈黙の歴史だったからです。今日でさえ、私たちを黙らせようとしている人たちがいます。しかし、この会議の声は、ここ懐柔区で上がった女性たちの声は、大きくはっきりと聞いてもらわなくてはいけません。

　赤ん坊が、ただ女子として生まれたからというだけで、食べ物を与えられず、おぼれさせられ、窒息させられ、脊柱を折られるのは、人権侵害です。

　大人の女性や女子が人間の欲のために売春の奴隷として売られるのは、人権侵害です。また、この慣習を正当化するためのさまざまな言い訳は、もはや許されてはなりません。

　結婚持参金が少なすぎると思われたからといって、女性がガソリンをかけられ火をつけられ焼死させられるのは、人権侵害です。

　個々の女性が地域社会でレイプされ、何千人もの女性が戦争の駆け引きや褒美としてレイプの対象となるのは、人権侵害です。

　世界中で14歳から44歳の女性の主な死因のひとつが身内から自宅で受けた暴力であるのは、人権侵害です。

### WORDS & PHRASES

■violation 名 侵害　■suffocate 動 〜を窒息死させる　■spine 名 脊柱、背骨　■prostitution 名 売春　■greed 名 欲望　■tolerate 名 〜を許す　■douse 動 〜を浴びせる　■dowry 名 結婚持参金　■deem 動 〜と考える

Excerpts from Hillary Rodham Clinton's speech at the UN Fourth World Conference on Women Plenary Session given on September 5, 1995, in Beijing, China

It is a violation of human rights when young girls are brutalized by the painful and degrading practice of genital mutilation.

It is a violation of human rights when women are denied the right to plan their own families, and that includes being forced to have abortions or being sterilized against their will.

If there is one message that echoes forth from this conference, let it be that human rights are women's rights and women's rights are human rights once and for all. Let us not forget that among those rights are the right to speak freely—and the right to be heard.

## ヒラリー・クリントン

　幼い娘が性器切除という痛ましい下劣な習慣によって残忍な仕打ちを受けるのは、人権侵害です。

　女性が家族計画を立てる権利を否定され、そのせいで中絶を強いられたり、意志に逆らって不妊手術をされるのは、人権侵害です。

　この会議からメッセージがひとつ響きわたるとしたら、人権は女性の権利であり、女性の権利は人権であることをきっぱり伝えましょう。こうした権利の中に、自由に話す権利、つまり聞いてもらえる権利があることを忘れないようにしましょう。

---

**WORDS & PHRASES**

■brutalize 動残忍に扱う　■degrading 形下劣な　■genital mutilation 性器切除　■abortions 名妊娠中絶　■sterilize 動不妊にする

# Hillary Rodham Clinton
## U.S. Secretary of State
(2009–2013)
Born October 26, 1947 in Chicago, Illinois, USA

Hillary Rodham Clinton is a politician, humanitarian, and one of America's most prominent female leaders. Although she is an American, she has a global view and has worked on the ground in many countries to bring justice, peace, and understanding to people and communities around the world. Although she ran for and lost the office of president of the United States of America in 2008, many believe that she will run again and perhaps one day become the first female U.S. president.

Hillary Diane Rodham was born on October 26, 1947. She grew up in Park Ridge, a quiet suburb outside of Chicago. Her father, Hugh, was a fabric-store owner, and her mother, Dorothy, was a housewife. Hillary had two younger brothers, Hugh and Tony. As a young child, Hillary was a very good student, and she grew up with an interest in politics, following her family's conservative beliefs. As a teenager, she volunteered to help local and state Republican campaigns.

ヒラリー・クリントン

# 米国務長官
(2009–2013)

1947年10月26日、
米国イリノイ州シカゴに生まれる。

　ヒラリー・ローダム・クリントンは政治家かつ人道主義者であり、米国でもっとも傑出した女性リーダーのひとりだ。アメリカ人でありながら世界的視野を備え、多くの国々で、世界中の人々や社会に、正義、平和、理解をもたらそうと努めてきた。2008年には米国大統領選挙に立候補し敗れたものの、再び立候補して米国初の女性大統領になる日が来るだろうと多くの人が信じている。

　ヒラリー・ダイアン・ローダムは、1947年10月26日に生まれ、シカゴの閑静な郊外パークリッジで育った。父親のヒューは衣料品店を営み、母親のドロシーは専業主婦だった。ヒラリーには2人の弟、ヒューとトニーがいた。幼少のころのヒラリーは大変優秀な生徒で、一家の保守的な信条に従って、政治に興味を持ちながら育った。10代になると、自ら進んで地方や州の共和党の選挙運動を手伝った。

### WORDS & PHRASES

■secretary 名長官　■run for office 公職選挙に出馬する　■conservative 形保守的な　■Republican 形共和党の

In 1965, Hillary started her studies at Wellesley College, one of the best private women's colleges in America. She studied political science, and she became the president of the Wellesley Young Republicans in her first year of school. However, during this time, the Civil Rights Movement was in full swing, and as Hillary watched African Americans fight for basic human rights in the U.S., her political views began to change. She stepped down from the presidency of the Wellesley Young Republicans.

The Vietnam War also affected Hillary's political views. She began to relate even less with the goals of the Republican Party and with the conservative beliefs she had grown up with. When Martin Luther King, Jr., was killed in 1968, Hillary organized a student strike to urge Wellesley College to accept more African American students and teachers. That same year, Hillary was elected the president of the Wellesley College Government Association. Her political views were changing drastically, however, and later that year, she officially left the Republican Party.

Hillary graduated with a bachelor's degree in political science in 1969. She gave the commencement speech at her graduation, and her speech was so popular she was invited to appear on a national talk show and was the focus of several news articles, including a Life magazine article. Hillary was already gaining fame for her political beliefs and outspokenness.

**ヒラリー・クリントン**

　1965年、ヒラリーは米国屈指の私立女子大学であるウェズリー大学に進んだ。政治学を専攻し、1年生にしてウェズリー青年共和党の党首となった。しかし当時は公民権運動がたけなわで、ヒラリーは、アフリカ系アメリカ人たちが米国の基本的人権のために戦うのを目の当たりにしているうちに、政治的見解を変え始め、ウェズリー青年共和党の党首を辞した。

　ベトナム戦争もヒラリーの政治的見解に影響を及ぼした。彼女はますます、共和党の目指しているものと、幼いころからずっと信じてきた保守的な信条との折り合いをつけられなくなっていった。マーティン・ルーサー・キング・ジュニアが1968年に暗殺されると、ヒラリーは、アフリカ系アメリカ人の学生や教師をもっと受け入れるようにウェズリー大学に訴えようと、学生ストライキを組織した。同年、ウェズリー大学学生自治会の会長にも選ばれた。だが彼女の政治的見解は大きく変わっていき、その年遅く、正式に共和党を去った。

　ヒラリーは、1969年に政治学の学士号を取って大学を卒業した。卒業式では式辞を述べ、そのスピーチは大変評判がよかったので、ヒラリーは全国討論会に出席するよう招待を受け、数紙の新聞記事や雑誌「ライフ」で取り上げられた。そのころにはすでに政治的信条や率直さで名声を高めつつあったのだ。

**WORDS & PHRASES**

■presidency 名党首の地位[任務]　■drastically 副大きく、激しく
■commencement 名学位授与式

Hillary earned her law degree at Yale Law School, where she focused on children's rights. While at Yale, she met her future husband, Bill Clinton. Although Hillary was concerned that marriage might take her away from her political career, the couple was married in 1975 in Arkansas, Bill's home state. Soon after, Clinton became the Arkansas Attorney General, then he was voted the governor of Arkansas in 1978, a position he filled for twelve years. During this time, and even after having a child, Hillary never left her own professional and political career, becoming a partner at the well-respected Rose Law Firm and serving in multiple high-ranking public positions, such as chairing the Rural Health Advisory Committee, chairing the Arkansas Educational Standards Committee, and sitting on the board of directors of the Legal Services Corporation, an organization established by the U.S. Congress.

Hillary Rodham Clinton finally became a national and international figure in 1992, when Bill Clinton became the president of the United States. As First Lady, Hillary helped Clinton make important decisions, such as who would be part of his administration. She traveled to seventy-nine countries as a goodwill diplomat, becoming the most well-traveled First Lady. Throughout her travels, she spoke especially for women's rights.

## ヒラリー・クリントン

　ヒラリーはイェール大学ロースクールに進むと、主に児童の権利に関心を寄せ、法学の学位を取った。イェール大学では、将来の夫、ビル・クリントンに出会った。ヒラリーは、結婚すると政治的キャリアを失うのではないかと懸念しながらも、1975年にビルの郷里であるアーカンソー州でビルと結婚した。しばらくしてビルはアーカンソー州司法長官になり、1978年にはアーカンソー州知事に選出され、12年間在職することになった。この間、出産後も、ヒラリーは弁護士としても政治家としても仕事を続け、名高いローズ法律事務所でパートナーになり、数々の地位の高い公職に就いた。たとえば、地方健康諮問委員会議長、アーカンソー州教育水準委員会委員長、そして連邦議会が設立した組織である司法事業推進公社の理事などがある。

　ヒラリーは、ビルが1992年にアメリカ合衆国大統領に就任すると、ついに国の内外で著名人になった。ファーストレディとなったヒラリーは、自身もクリントン政権の一員のように彼が重要な決定をする補佐をした。彼女は親善大使として79の国を訪れ、もっとも旅行経験の豊かなファーストレディとなった。そうした旅のあいだずっと、特に女性の人権のために演説をして回った。

---

**WORDS & PHRASES**

■Attorney General　司法長官　■Congress　名連邦議会　■administration　名政権

When Bill Clinton came under national scrutiny in 1998 for having an affair with White House intern Monica Lewinsky, Hillary continued to support her husband. That same year, New York's Daniel Moynihan announced that he would retire from his seat as U.S. Senator. Hillary ran for his seat and won the election in 2000. Although Bill Clinton was now out of the White House, Hillary was becoming ever more active on Capitol Hill as U.S. Senator. She was reelected in 2006, but she had her eyes set on another goal for 2008: to run for the highest seat in the nation—president of the United States.

Hillary Rodham Clinton became the first woman to ever be nominated by a major party for the seat of president of the U.S. She ran an aggressive campaign, backed by her husband. Among the candidates of the Democratic Party, Hillary ran against Barack Obama, a popular senator from Illinois. Although it was a tight race between the two candidates, Obama eventually won the Democratic primaries and was later elected president. He became the first African American president; if Hillary had won the primaries and the following election, she would have become the first female president.

## ヒラリー・クリントン

　1998年に、ビル・クリントンは、ホワイトハウス実習生のモニカ・ルインスキーと情事を持ったことで、国民の厳しい目にさらされるようになったが、ヒラリーは夫を支え続けた。同年、ニューヨークのダニエル・モイニハンが、上院議員を辞任すると発表した。2000年、ヒラリーは彼の後任に立候補し、当選を果たした。ビル・クリントンはすでにホワイトハウスを去っていたが、ヒラリーは上院議員としてキャピトルヒルでますます活躍するようになっていった。2006年には再選されたが、2008年には別の目標を意識していた。国の最高位、つまり米国大統領に立候補することだ。

　ヒラリーは、米国大統領選で与党から推薦された初の女性候補となり、夫に支えられて精力的な選挙運動を行った。民主党候補の中から、人気の高いイリノイ州選出の上院議員、バラク・オバマの対立候補として立候補したのだ。候補者2人は接戦を繰り広げたが、最終的にはオバマが民主党の予備選挙で勝利を収め、後に大統領に選出された。オバマはアフリカ系アメリカ人初の大統領となった。ヒラリーが予備選挙と次の本選挙に勝っていたら、米国初の女性大統領となっていただろう。

### WORDS & PHRASES

■come under scrutiny 厳しい目にさらされる　■Senator 名 上院議員　■back 動 ～を支援する　■primary 名 予備選挙

As president, Barack Obama nominated Hillary Clinton as Secretary of State, the highest-ranking seat in the executive branch of government. Clinton took on the role, becoming an even more important global figure as she worked with governments around the world and represented American interests in international affairs. She led the U.S. position during the Arab Spring, and she became an even more powerful spokesperson for human rights. Although Clinton stepped down from her position as Secretary of State in February 2013, she is thought to be considering another run at the seat for president.

### ヒラリー・クリントン

　バラク・オバマ大統領は、ヒラリー・クリントンを行政府の最高位である国務長官に任命した。ヒラリーはその役を引き受け、世界中の政府と連携し、米国の顔として国際問題に対処するうちに、いっそう重要な国際的著名人となっていった。アラブの春では、率先して米国の取るべき立場を提言し、人権の拡大をさらにパワフルに訴えた。2013年2月、ヒラリーは国務長官を退任したが、再び大統領選に立候補する意思があるのではないかと考えられている。

**WORDS & PHRASES**

■executive branch　行政府　■represent　動〜を象徴する　■spokesperson　名代弁者

## 英語解説 *Words and Phrases* スピーチを読み解く鍵

*p.126(1)* **Every woman deserves the chance to realize her own God-given potential.**

どの女性も神から授かった自らの潜在能力を十分に引き出す機会があって当然なのです。

　everyは「どの〜も」という意味です。通常は単数扱いですのでwomanが単数、それを受けて動詞deserveに三単現のsがついています。deserve 〜は「〜の価値がある」という意味です。God-givenで「神が与えた、神から与えられた」という意味です。

　realizeは「認識する」「実現する」という意味があります。potentialは「潜在能力」ですから、神から与えられてまだ表には出ていない潜在能力を「現実のものとする」という意味で使われています。

　ヒラリーの言葉を読めば世界で本当に多くの女性たちが、不当にその人権を蹂躙されていることに胸が痛みます。地球上に住む全ての人が、問題の当事者であることを思い知らされる言葉です。


*p.126(2)* **I believe that now, on the eve of a new millennium, it is time to break the silence.**

新しい千年が始まろうとしている今こそ、沈黙を破る時であると私は信じています。

　it is time to Vで「(今が)Vする時だ」という意味です。It is 〜 to …の形(通称It to 構文)は、どんな英文にも頻出ですからきっとおなじみの表現だと思います。

　　It is time for you to go to bed.
　　もう寝る時間ですよ。

　millenniumは西暦2000年前後によく使われていた言葉でしたね。

## ヒラリー・クリントン

千年を表す言葉で、milleは元々ラテン語で「千」を表す言葉です。ちなみに長さを表すmile(マイル)やお菓子のmille-feuille(ミルフィーユ)もこれにちなんでいます。eveは "Christmas eve" でおなじみの「前夜」という意味ですね。

マララのスピーチにも出てきますが、silenceという言葉に込められた意味を私たちがしっかりと受け止めたいものです。世界をよりよい場所にしたいという強い意志が力強く伝わってくる言葉です。

### p.128(3) the history of woman has been a history of silence.
女性の歴史は沈黙の歴史だったのです。

has been は「現在完了形 (have + 過去分詞形)」です。マララのスピーチで少し触れましたが、現在完了形は「過去から現在までの行動」を表す表現です。日本語にはない文法なので苦手に感じる方が多いようです。例文で解説してみましょう。

(現在形)　　　I am a teacher.
　　　　　　　私は教師です。
　　　　　　　　→「昔は教師だったのかどうか」はわかりません。

(過去形)　　　I was a teacher ten years ago.
　　　　　　　10年前教師をしていました。
　　　　　　　　→「今教師なのかどうか」はわかりません。

(現在完了形)　I have been a teacher for ten years.
　　　　　　　私は教師を10年やっています。

このように「過去から現在までの行動」を一文で表現できるのが完了形です。英語では完了形がとにかくよく使われますので、ぜひ慣れて使いこなしていただきたい文法です。

完了形が持つイメージを考えれば、ヒラリーの言葉の重みがより一層私たちの心にずしりと伝わってくるように思えます。

> 背景解説

# リベラルとは何かを問いかけた ヒラリー・クリントン

　今、アメリカは人々の世論が二つの極に引き裂かれようとしています。一つは、従来のアメリカの伝統であるプロテスタント系のキリスト教を母体とした人々のグループ。それは、保守的な価値観への回帰現象を指向する人々の集団です。

　彼らは、家族や自らの属するコミュニティの価値を大切にし、アメリカに育ちつつある多様な価値観を取り入れた、同性愛者から少数派の移民の人権や意識にも配慮した社会造りから一線を画し、伝統的なキリスト教への信仰を基軸にした社会秩序造りを目指しています。

　キリスト教の教えに従って、人工妊娠中絶に反対し、アメリカの伝統でもある地域のコミュニティや個人の自由を尊重しようと、国民皆保険制度や銃規制には反対します。そうした政策を施行すれば、国が個人の生活に介入してくることになるからです。

　そして、もう一方の極にいる人々は、多彩な移民による多様な価値観を受け入れ、一方で貧富の差などに配慮した政策を押し進めようとするグループです。彼らは、女性の人権を意識した人工妊娠中絶の権利、国民が全員医療サービスを受けられる制度の構築などに注力します。

　保守系の人々が、中央政府が個人に介入してくることを嫌い、小さな連邦政府を常に主張することに対し、いわゆるリベラル派と呼ばれる人々は、時には国がしっかりとした制度をもって国民の権利や生活を守ることも必要だと主張します。もちろん、犯罪を引き起こし、乱射事件などで度重なる悲劇を経験しているアメリカ社会を変えるために、銃規制などの動きにも積極的です。

　ヒラリー・クリントンは、働く女性の権利の向上を訴え、国民皆保険の重要性をアピールする、まさにリベラル派を代表する人物である

## ヒラリー・クリントン

といわれてきました。

しかし、政治の世界で、彼女はそのレッテルのために、常に苦労してきたことも事実なのです。

妥協は政治の常識といわれますが、彼女のリベラルな対応は、民主党の保守層からも時には敬遠されることがありました。従って、ヒラリーは、リベラルと保守との間で、常にそのバランスをいかに保って政界での影響力を維持するかというテーマに苦しめられてきたのです。

親の影響もあり、もともとは共和党で活動していたヒラリー・クリントンですが、彼女には、ベトナム戦争に対する共和党の対応などへの疑念から、次第に民主党に傾斜していった過去があります。

こうした経験からも、彼女は保守、リベラル双方の政治理念に対して、鋭い洞察力をもってきたはずです。夫婦別姓という立場をとりながらも、大統領のファーストレディとなったときから、クリントンの姓を名乗るようになったこと、銃規制に難色を示したこと、外交などの場で、時にはタカ派的な発言を行ってきたことなどは、彼女の保守層との妥協の産物ではないかとよく評論されます。

しかし、個人の経験や、その人が属する文化、そして政治的なビジョンなどが複雑に交錯する中で、一人の人物を一つのカラーでみることには無理があります。ヒラリーが職業を持つ女性として、自らの立ち位置を見定め、大統領夫人としても、良い伴侶ではなく、ビジネスパートナーとして自らのキャリアを維持してゆく立場をとったことが、彼女にフェミニストの旗手としてのイメージを植えつけたのでしょう。しかし、そんなカラーに染められたとき、一番戸惑ったのは彼女自身かも知れないのです。

こうしたジレンマを克服しながら、ヒラリー・クリントンがさらに政治家として、どのように上のポストを狙ってゆくのか。今、世界中が注目しているのです。

# *Margaret Thatcher,*
## Prime Minister of the United Kingdom

## マーガレット・サッチャー
### 英国首相

# Excerpts from the "Britain Awake" speech, also known as the "Iron Lady" speech
## given at Kensington Town Hall on January 19, 1976

The first duty of any Government is to safeguard its people against external aggression. To guarantee the survival of our way of life. The question we must now ask ourselves is whether the present Government is fulfilling that duty. It is dismantling our defenses at a moment when the strategic threat [1]to Britain and her allies from an expansionist power is graver than at any moment since the end of the last war....

A huge, largely land-locked country like Russia does not need to build the most powerful navy in the world just to guard its own frontiers. No. The Russians are bent on world dominance, and they are rapidly acquiring the means to become the most powerful imperial nation the world has seen. The men in the Soviet politburo don't have to worry about the ebb and flow of public opinion. [2]They put guns before butter, while we put just about everything before guns.

*(1), (2) → see page 168*

マーガレット・サッチャー

# 「英国よ、目覚めよ」スピーチ
（「鉄の女」スピーチとしても知られる）**からの抜粋**

## 1976年1月19日、
ケンジントン・タウンホールにて

　政府のもっとも重要な任務は、外部からの侵略に対して国民を守ることです。私たちの生活様式が守られるよう保障することです。私たちが今、自身に問うべき疑問は、現政府がその任務を果たしているかどうかです。英国や同盟国に対する、領土拡張主義を取るある強国からの戦略的脅威が、先の終戦以来の深刻さを見せる中で、現政府は防衛力を解こうとしています……。

　ソ連のような、大部分が陸に囲まれた大国は、国境を守るためだけなら、世界一強力な海軍を築く必要はありません。それなのにロシア人は世界制覇に夢中になっていて、史上最強の帝国になる手段を早急に得ようとしています。ソビエト共産党政治局の人々は、世論の波を恐れる必要はありません。私たちはたいていのものを大砲（軍事）より優先させますが、彼らはバター（民生）より大砲（軍事）を優先させるのです。

---

**WORDS & PHRASES**

■aggression 图武力侵略　■dismantle 動〜を解体[分解]する　■grave 形深刻な　■politburo 图政治局　■ebb and flow 干満

Excerpts from the "Britain Awake" speech,
also known as the "Iron Lady" speech
given at Kensington Town Hall on January 19, 1976

We are devoted, as we always have been, to the maintenance of peace. We will welcome any initiative from the Soviet Union that would contribute to that goal. But we must also heed the warnings of those, like Alexander Solzhenitsyn, who remind us that we have been fighting a kind of 'Third World War' over the entire period since 1945—and that we have been steadily losing ground. As we look back over the battles of the past year, over the list of countries that have been lost to freedom or are imperiled by Soviet expansion, can we deny that Solzhenitsyn is right?

# マーガレット・サッチャー

　私たちはこれまでどおりに平和維持に尽くしています。その目標達成の一助となるような、ソビエト連邦からのイニシアチブ奪回を歓迎します。しかし、アレクサンドル・ソルジェニーツィンのような人たちの警告を顧みることも必要です。彼は、私たちが1945年以来ずっと、いわば「第三次世界大戦」を続けてきたのだと、そして絶えず負け続けてきたことを思い出させてくれます。過去の戦闘を振り返り、ソ連の拡張政策によって自由を奪われてきた、あるいは、現在も危険にさらされている国のリストを考えてみると、ソルジェニーツィンが正しくないと言えるでしょうか？

### WORDS & PHRASES

■heed 動 ～に気をつける　■lose ground 形勢が不利になる　■imperil 動 危険にさらす

Excerpts from the "Britain Awake" speech,
also known as the "Iron Lady" speech
given at Kensington Town Hall on January 19, 1976

Britain, with her worldwide experience of diplomacy and defense, has a special role to play. We in the Conservative Party are determined that Britain should fulfill that role. We're not harking back to some nostalgic illusion about Britain's role in the past. <sup>(3)</sup>We're saying Britain has a part to play now, a part to play for the future. The advance of Communist power threatens our whole way of life. That advance is not irreversible, providing that we take the necessary measures now. But the longer that we go on running down our means of survival, the harder it will be to catch up. In other words: <sup>(4)</sup>the longer Labour remains in Government, the more vulnerable this country will be.

## マーガレット・サッチャー

　英国には外交や防衛の世界的経験がありますから、担うべき特別な役割があります。私たち保守党は、英国がその役割を果たすべきだと信じています。過去の英国の役割を思い出して、感傷的な幻想を抱いているわけではありません。英国には今こそ担うべき役割が、将来のために担うべき役割があると申し上げているのです。共産国の進撃が、私たちの生活様式全体を脅かしています。今すぐ必要な策を講じれば、その進撃は押し戻せるかもしれません。しかし、私たちが生き残る手段を長く失っていけばいくほど、取り戻すのが難しくなります。つまり、労働党が政権を握っている期間が長いほど、この国は弱くなるのです。

### WORDS & PHRASES

- hark back （過去の出来事を）思い出す　■irreversible 形 取り戻せない
- measure 名 方策　■vulnerable 形（競合相手に対して）弱い

Excerpts from the "Britain Awake" speech, also known as the "Iron Lady" speech given at Kensington Town Hall on January 19, 1976

Our capacity to play a constructive role in world affairs is of course related to our economic and military strength. Socialism has weakened us on both counts. This puts at risk not just our chance to play a useful role in the councils of the world, but the Survival of our way of life. Caught up in the problems and hardships that Socialism has brought to Britain, we are sometimes in danger of failing to see the vast transformations taking place in the world that dwarf our own problems, great though they are. But we have to wake up to those developments, and find the political will to respond to them. Soviet military power will not disappear just because we refuse to look at it. And we must assume that it is there to be used—as threat or as force—unless we maintain the necessary deterrents.

# マーガレット・サッチャー

　私たちが世界情勢において建設的な役割を果たす力があるかどうかは、もちろん経済力や軍事力にかかっています。社会主義は両方の点で私たちを弱体化しました。このせいで、国際会議において有益な役割を果たすチャンスばかりか、私たちの生活様式の存続まで危うくなっているのです。社会主義が英国にもたらした問題や困難で頭がいっぱいで、私たちは、世界で起こっている大きな変化を、ときに見逃している恐れがあります。たとえ私たち自身の問題が大きくても、それが小さく見えるような大きな変化だというのです。しかし私たちはこうした動きを認識し、それに対応する政治的意志を持つべきです。ソビエトの軍事力は、私たちがそれを見たくないからといって消え去ることはありません。そして私たちが必要な戦争抑止力を維持しない限り、その軍事力は脅威として、または威力として使われるために存在するのだと考えなければなりません。

### WORDS & PHRASES

■Socialism 名 社会主義　■vast 形 巨大な　■dwarf 動 〜を小さく見せる
■assume 動 〜と見なす　■deterrent 名 戦争抑止力

Excerpts from the "Britain Awake" speech, also known as the "Iron Lady" speech given at Kensington Town Hall on January 19, 1976

We are under no illusions about the limits of British influence. We are often told how this country that once ruled a quarter of the world is today just a group of offshore islands. Well, we in the Conservative Party believe that Britain is still great. The decline of our relative power in the world was partly inevitable—with the rise of the super powers with their vast reserves of manpower and resources. But it was partly avoidable too—the result of our economic decline accelerated by Socialism. We must reverse that decline when we are returned to Government.

In the meantime, the Conservative Party has the vital task of shaking the British public out of a long sleep. Sedatives have been prescribed by people, in and out of Government, telling us that there is no external threat to Britain, that all is sweetness and light in Moscow, and that a squadron of fighter planes or a company of marine commandos is less important than some new subsidy.

The Conservative Party must now sound the warning. There are moments in our history when we have to make a fundamental choice. This is one such moment—a moment when our choice will determine the life or death of our kind of society, and the future of our children. Let's ensure that our children will have cause to rejoice that we did not forsake their freedom.

## マーガレット・サッチャー

　私たちは、英国の影響力の限界について思い違いをしているわけではありません。かつて世界の4分の1を支配したこの国が、今日では沖の群島にすぎないとよく言われています。たしかに、保守党の私たちは、英国はいまだに偉大だと信じています。膨大な人的資源と天然資源を持つ超大国が台頭するにつれて、世界におけるわが国の相対的な国力が衰退するのはある程度は避けられませんでした。しかし避けられたものもあります。それは社会主義によって促進された経済的衰退の結果です。私たちが政権を奪回するなら、この衰退から回復しなければいけません。

　その一方で、保守党には英国民を長い眠りから目覚めさせるという重要な任務があります。政府内外の人々によってこれまで処方されてきた鎮静剤のせいで、私たちはこう教えられてきました。英国には外部からの脅威などないと。モスクワでは万事穏やかだと。戦闘機部隊も海軍奇襲部隊も、新しい助成金ほど重要でないと。

　保守党は今や警告を発しなくてはいけません。歴史において根本的な選択をすべきときがありますが、今がそうした時期なのです。わが国のような社会の生死と、子孫の将来は、私たちの選択にかかっています。私たちが自由をあきらめなかったことを子孫に喜んでもらえように努めましょう。

### WORDS & PHRASES

■offshore 形 沖合の　■accelerate 動 〜を加速させる　■sedative 名 鎮静剤
■prescribe 動 処方する　■squadron 名 戦隊　■rejoice 動 喜ぶ

# Margaret Thatcher
## Prime Minister of the United Kingdom (1979–1990)
**Born October 13, 1925 in Grantham, England**
**Died April 8, 2013 in London, England**

Known around the world as the "Iron Lady," Margaret Thatcher was one of the United Kingdom's most unforgettable leaders. Serving as the prime minister of one of the most powerful countries of the Western world, Thatcher has left an unmistakable imprint on international policies, economics, and philosophies. She is the mother of "Thatcherism" (a specific set of Conservative policies), the longest-serving UK prime minister of the twentieth century, and the only woman to have filled the role.

Margaret Hilda Roberts was born in 1925 in Grantham, England. She was the second daughter of Alfred Roberts, a grocery-store owner, and Beatrice Ethel Roberts. Margaret and her older sister Muriel grew up living a humble and modest lifestyle, living above one of their father's grocery stores.

# マーガレット・サッチャー

# 英国首相
(1979–1990)

1925年10月13日、英国グランサムに生まれる。
2013年4月8日、英国ロンドンで逝去。

　「鉄の女」として世界的に有名なマーガレット・サッチャーは、英国でもっとも忘れがたいリーダーのひとりだ。西欧社会屈指の強国の首相を務めながら、国際政策、経済、哲学に明確な足跡を残してきた。「サッチャリズム」(一連の保守党政策)の母であり、20世紀最長の在位期間を誇る英国首相であり、英国唯一の女性首相でもある。
　マーガレット・ヒルダ・ロバーツは、1925年、英国グランサムで食糧雑貨店を営むアルフレッド・ロバーツと、ベアトリス・エセル・ロバーツの次女として生まれた。マーガレットと姉のマリエルは、父の経営する食料雑貨店の2階に住み、質素で慎み深い生活をして育った。

---

**WORDS & PHRASES**

■unmistakable 形明確な　■imprint 名印象、跡　■humble 形質素な

As a schoolgirl, Margaret showed much promise—she received good grades and was very active out of school with interests in piano, sports, and poetry. Margaret chose to study science and earned a degree in chemistry at Oxford University. This would later make her the first British prime minister to hold a science degree.

In college, Margaret became involved in student politics. In 1946, she became the president of Oxford University's Conservative Association. She believed passionately in society's right to remain free of government, especially when it came to financial matters. After graduation, Margaret moved to Essex County to do chemical research for a plastic company, and she joined the local Conservative Association there.

Around this time, Margaret met her future husband, Denis Thatcher. Her friend, who was the chair of the Dartford Conservative Association, also recommended her as the Conservative Party candidate for a seat in Parliament. Margaret became a popular candidate and ran against politician Norman Dodds twice. Although she lost both times, she had officially begun her political career.

## マーガレット・サッチャー

　学生時代からマーガレットは大いに将来性を示した——成績優秀で、課外活動にもとても積極的に取り組み、ピアノ、スポーツ、詩に興味を持った。理系科目を専攻することに決め、オックスフォード大学では化学の学位を取った。そこで彼女は、後に理系の学位を持つ首相としても英国初となった。

　大学時代、マーガレットは学生政治運動に参加するようになった。1946年にはオックスフォード大学保守協会の会長となった。ことに財政問題にかけては、社会が政府の干渉を免れる権利を持つべきだと固く信じていた。卒業後は、エセックス州に移り住んでプラスチック会社の研究職に就き、その地で地元の保守党支部に加わった。

　このころ、マーガレットは、将来の夫、デニス・サッチャーと出会った。また同じころ、ダートフォード保守党支部の支部長を務めていた友人から、保守党の下院議員候補として推薦された。マーガレットは大衆の支持を得るようになり、政治家ノーマン・ドッズの対立候補として2度立候補した。2度とも落選したが、正式に政治家としての道を歩み始めた。

### WORDS & PHRASES

■promise 名明るい将来性　■passionately 副熱心に

Margaret's husband, Denis, helped pay for her to go to law school and she became a lawyer in 1953. She also became a mother that year, giving birth to twins—a boy and girl. Margaret continued her political career, and she ran for office in 1955. Although she was defeated, she ran again in 1959 and was elected a Conservative Member of Parliament for the district of Finchley. She remained in this office until 1992.

Once in office, Margaret Thatcher shot up the political ladder. She impressed people with her passion, her quick wit, and her ability to debate well. She was continually promoted, and she was invited to travel to the United States on a diplomatic visit when the embassy described her as a possible future prime minister. She became the Secretary of State for Education and Science in 1970, and five years later, in 1975, she became the Leader of the Opposition, a role that made her the leader of the Conservative Party at the time.

Thatcher continued to speak out against government spending; she advocated lower taxes and making state-owned industries private. She took a very strong position against Communism and the Soviet Union. In 1976, she gave a famous speech that condemned the British government, led by the Labour party, for doing nothing to strengthen Britain's defenses in the Cold War with the Soviet Union. She portrayed the Soviets as an unquestionable enemy and urged the U.K. to prioritize its military might. In response to this speech, a Soviet

## マーガレット・サッチャー

　夫のデニスから資金的援助を受けて、マーガレットはロースクールに通い、1953年に弁護士資格を取得した。その年、男の子ひとり、女の子ひとりの双子をもうけ、母親にもなった。以降も政治家としての仕事を続け、1955年、選挙に出馬した。このときは落選したが、1959年に再出馬すると、フィンチリー選挙区の保守党下院議員に当選し、1992年まで下院議員を務めた。

　ひとたび議員になると、マーガレット・サッチャーは政界の出世街道をまっしぐらに進んでいった。情熱、機転、高度なディベート能力で人々に感銘を与えたのだ。絶えず地位が上がり、米国への外交訪問に招待され、大使館からは将来の首相候補だと評された。1970年に教育科学相になり、5年後の1975年には、野党党首、すなわち保守党党首に就任した。

　サッチャーは財政支出に対して声高に反対し続け、減税と国有事業の私有化を提唱した。共産主義とソビエト連邦に対しては大変強硬な態度を取った。1976年には、ソビエト連邦との冷戦時に英国の防衛強化策を講じなかったとして、労働党主導の英国政府を非難する有名なスピーチを行った。その際にソ連を「紛れもない敵」だと称して、英国政府に軍事力を優先させるよう強く迫った。このス

---

**WORDS & PHRASES**

■shoot up 急上昇する　■Communism 图共産主義　■condemn 動〜を非難する　■prioritize 動〜を優先させる

newspaper called Thatcher the "Iron Lady," and the name stuck.

During the late 1970s, the U.K.'s economy was very weak. Many British people didn't have jobs, and the government's majority party, the Labour Party, was not effectively fixing the country's problems. The winter of 1978–79 was particularly hard for Britain, and this period of time came to be called the "Winter of Discontent." Because the Labour Party was so unpopular, the Conservative Party won the majority of seats in Parliament in the 1979 election. As leader of the majority party, Thatcher became the nation's prime minister.

After moving to 10 Downing Street in London—the traditional home of the Prime Minister of Britain—Thatcher got to work trying to turn around the nation's high unemployment rate. She stuck to her policies of lowering taxes and cutting government spending. Although her policies did not work right away and created tension in the nation, the economy had recovered by the late 1980s. She was re-elected for a second and third term, and she served as the leader of the nation throughout the 1980s.

# マーガレット・サッチャー

ピーチに応じて、ソビエトのある新聞はサッチャーを「鉄の女」と評し、以降もその呼び名が定着した。

1970年代後半には、英国の経済はきわめて弱体化していた。無職の国民も多く、与党の労働党は、国の問題を効果的に解決できずにいた。1978年から79年の冬は英国にとって特に厳しいものとなり、「不満の冬」と呼ばれるようになった。労働党の支持率はきわめて低く、保守党は1979年の選挙で国会議席の過半数を制した。こうして、与党党首となったサッチャーは英国首相に就任した。

サッチャーは、歴代英国首相が住んだロンドンのダウニング街10番地にある官邸に移ると、国内の高い失業率を引き下げようと取り組み始めた。また、減税と財政支出の削減という政策を貫いた。政策はすぐには効果が現れず、国内に緊張を生んだが、経済は1980年代後半までには回復した。サッチャーは2期目も3期目も再選され、1980年代を通じて国家のリーダーを務めた。

**WORDS & PHRASES**

■stuck 動stick（とどまる）の過去　■discontent 名不満

In foreign affairs, Thatcher remained tough on Communism, opposed closer political and financial ties with Europe, and strengthened Britain's relationship with the U.S. She took a strong position against the Irish Republican Army (IRA), which led to an assassination attempt in 1984. The IRA bombed the Conservative Party Conference at which Thatcher was giving a speech, and although she was not injured, the bomb killed five people.

At the end of the 1980s, Thatcher's opinions—which were not always popular—created much fighting within the Conservative Party. Thatcher recognized that her leadership had stopped working for the party she loved so well, and in November 1990, she resigned from her position as prime minister.

Although Margaret Thatcher continued to work as a Member of Parliament after she stepped down from the premiership, she retired from the House of Commons in 1992. She became the first former British prime minister to create a foundation, and she continued to work as a public figure until well into her eighties. Margaret Thatcher died of a stroke in 2013.

As a major political force and one of the most powerful women the world has ever known, Margaret Thatcher has truly left her mark on world politics.

## マーガレット・サッチャー

　外交問題では、サッチャーは共産主義に厳しい姿勢を取り続け、英国がヨーロッパと政治的・経済的関係を深めるのに反対し、代わりに英米関係を強化した。アイルランド共和国軍（IRA）に対しても強硬な態度を取ったため、1984年に暗殺未遂事件が起きた。IRAはサッチャーが演説する予定だった保守党の党大会に爆弾を仕掛けたのだ。彼女は負傷しなかったものの、5人の死者が出た。

　サッチャーの見解はいつも支持を得たわけではなく、1980年末には保守党内に多くの衝突をもたらした。サッチャーは、自身のリーダーシップが心から愛する党のために発揮されなくなったことに気づき、1990年11月、首相を退任した。

　マーガレット・サッチャーは首相の座を降りてからも下院議員として働き続けたが、1992年に下院である庶民院を後にした。そして基金を設けた初めての元英国首相となり、80歳代終盤まで公人として働き続けた。マーガレット・サッチャーは、2013年、脳卒中のため死去した。

　大物政治家であり、歴史上もっともパワフルな女性のひとりであるマーガレット・サッチャーは、まさに世界政治にその名を残したのだった。

---

**WORDS & PHRASES**

■tie 名関係、連携　　■premiership 名首相の任期[地位]　　■foundation 名基金

## 英語解説 *Words and Phrases* スピーチを読み解く鍵

*p.148(1)* **to Britain and her allies**
英国とその同盟国に対して

　ここで代名詞herが出てきたことに「？」となった方がおられるかもしれませんね。herは皆さんご存知のとおりの人称代名詞sheの所有格・目的格です。allyは「同盟国」という意味ですから、her alliesで「彼女の同盟国？　彼女って誰？」と疑問に思うかもしれません。
　このherはBritainをさす代名詞です。世界の言語には、「女性名詞」と「男性名詞」というように名詞に「性」があるものがあります。英語の元になったラテン語にももちろん名詞に性が存在しました。現在、英語では名詞の性はほとんど失われていますが、船や国名などの代名詞としてsheを用いる場合があります。このサッチャーの演説に出てきたherがまさしくその例です。保守系イギリス人というイメージにぴったりの、格調高い英語を話すサッチャーらしい表現です。
　日本語でも「母国」「母船」「母語」という表現をしますよね？　それに近い感覚だと思えばよいでしょう。イギリス英語では「母語」のことを"mother tongue"と言います（アメリカ英語では"native language"が一般的）。
　それにしても、イギリスはエリザベス1世という有名な女王の元その勢力を拡大した歴史があり、現在の国王も女王エリザベス2世ですし、サッチャーという有名な女性首相がいました。まさしく「国家の代名詞は女性」というイメージぴったりの国ではないでしょうか。

*p.148(2)* **They put guns before butter.**
彼らは国民生活よりも軍事を最優先している。

　普段はあまり使われない表現ですが、サッチャーの演説の大切な部分と思い取り上げました。gunsは文字通り「銃」や「大砲」という意味

# マーガレット・サッチャー

です。そこから「軍事・軍備」を意味します。butter も文字通り「バター」という意味ですが、そこから「(国民の)生活・経済」を意味します。ちなみにバターはむかしヨーロッパにおいて、蜂蜜とならんでお客様をもてなすのに用いられた贅沢品でした。

put A before B で「B よりも A を最優先する」という意味になります。東西冷戦下で、着実に影響力を増すソビエト連邦のイギリスに対する脅威を的確に表した言葉です。

## p.152(3) We're saying Britain has a part to play now, a part to play for the future.

私たちはイギリスが今果たすべき役割があると言っているのです。未来のために果たすべき役割が。

この前の3文と合わせて味わいたい文です。「太陽の沈むところのない」と形容されるほど世界中にその支配地を広げた大英帝国でしたが、第二次大戦後はその面影を失いました。「イギリス病」とも称され、衰退する国力にサッチャーの危機感は募っていました。国を思い立ち上がった "Iron Lady" らしい力強さを感じる言葉です。

a part to play は of role を補って、a part of role to play「果たすべき役割の一部」と訳せば理解しやすいでしょう。play a role で「役割を果たす」という意味です。頻出の表現ですからぜひ覚えておきましょう。

## p.152(4) the longer Labour remains in Government, the more vulnerable this country will be.

労働党がより長く政権にとどまるほどに、この国はますます衰退するでしょう。

「the 比較級〜，the 比較級…」で「〜すればするほどますます…」という意味です。この文の直前の文にも使われています。文頭に The 比較級を見たらこのパターンを思い出してください。慣れておくと便利

な表現です。

The deeper you dive, the higher the water pressure becomes.
深く潜れば潜るほど、水圧が高くなる。

The more I stare you, the more I love you.
君を見つめれば見つめるほど、ますます君が恋しくなる。

　Labourは大文字であることからもわかるように固有名詞として使われていて、この場合労働党のことです。サッチャー率いる保守党は当時労働党からの政権奪取を目指していました（イギリスは2大政党制）。労働党は名前の通り、労働者階級を支持基盤とした社会主義団体が党の起源です。ちなみに「労働」を表すlabourという綴りはイギリス英語での表記で、アメリカ英語ではlaborと表記します。
　この頃のイギリス情勢はとても複雑でわかりにくいのですが、ソ連（ソビエト社会主義共和国連邦）の脅威と、労働党政権下の経済状況……そしてそれらに対するサッチャーの保守党リーダーとしての立場、そして彼女の誰よりも国を思い愛する心、を考えてこのスピーチを読めば一言一言がより深く理解できることでしょう。ぜひ何度も読み返していただきたいと思います。

# 自らの政治理念を貫いた
# マーガレット・サッチャー

　レッセフェールという言葉があります。laissez-faireというフランス語ですが、一般には「自由放任主義」と訳されているこの言葉を、サッチャーは自らの政権運営の理念に組み込みました。

　マーガレット・サッチャーの活躍した80年代は、アメリカではロナルド・レーガンの時代でした。この２人の指導者が行った政策は、新保守主義の政策と呼ばれ、当時注目されます。積極的な規制緩和の断行によって、経済を活性化させようとしたのがその政策で、常にスローガンとして掲げられたのが「小さな政府」という合い言葉だったのです。政府を小さくして、できるだけ自由な活動を尊重しようというわけです。

　「小さな政府」という政策を実施するためには、中央政府の権限をできるだけ縮小し、機能の多くを地方や民間に移管してゆかなければなりません。ですから、彼女は選挙にあたっては、水道、ガス、電気などの公共事業はできるだけ民営化してゆくことを提唱します。

　この動きは、日本でも同様でした。肥大化し赤字に悩む国鉄を分割民営化し、JRとして事業を再活性化した政策などは、まさに新保守主義の考え方を踏襲したものといえましょう。この政策を断行した当時の首相の中曽根康弘が、日本の新保守主義を代表する政治家とされた理由はそこにあります。中曽根首相は、レーガン大統領と政治理念を共有したことでも知られる政治家ですが、サッチャーはヨーロッパ側の盟友でもあったのです。

　サッチャー政権は、経済運営にあたっても、通貨の供給量のみに重きをおき、大企業の税負担を軽くすることで、資金を市場に流し込むといった、富裕層や大企業を優遇した経済規制を推進します。

　一般的に保守主義といえば、ついつい自由を束縛し、古くからのモ

> **背景解説**
>
> ラルを強調する考え方のように思いがちです。しかし、資本主義という観点で保守主義を考えた場合は、サッチャーが唱えた、市場の自由な裁量を支援し、政府による指導やコントロールを極力排除しようという方針が正に保守的な立場を代表するものとなります。
>
> 　それには理由があります。冷戦時代、ソ連などは、共産主義の考え方に従って、人の思想や経済活動をコントロールし、計画的に国家を運営してゆこうとしていました。ですから、資本主義の旗手であるイギリス、そしてアメリカでは、国という組織によるコントロールを最小にし、逆に民間の裁量の範囲を拡大することは、自由主義を守る大切な政策の一つだったのです。
>
> 　もちろん、こうした考え方は、企業優先の発想として、労働組合や一部の官僚主体による政治を支持する政治家からは批判の対象となりました。しかも、新保守主義の政策は、減税を基軸にしながらも、自由主義陣営を守るために軍備を拡充することには積極的でした。
>
> 　国家の主権を侵害する相手には、極めて強硬な姿勢を示し、サッチャー人気の急上昇にもつながったフォークランド紛争で、アルゼンチン軍を駆逐し、イギリスの領土を守った行為はそうした考え方を象徴したものだったのです。
>
> 　この時代、新保守主義を提唱するマーガレット・サッチャーとロナルド・レーガンとの連携によって、もともと同盟関係にあったイギリスとアメリカとの関係は蜜月状態となり、その流れは今に至っています。そして極東では、日本とアメリカとの連携がさらに深まっていったのです。
>
> 　そうした側面からマーガレット・サッチャーを見るならば、彼女は冷戦終結後のアメリカを基軸とした新体制のお膳立てをした政治家の一人であるともいえるのです。

**E-CAT**

English Conversational Ability Test
国際英語会話能力検定

● E-CATとは…
英語が話せるようになるためのテストです。インターネットベースで、30分であなたの発話力をチェックします。

www.ecatexam.com

**iTEP**
Academic · Business · SLATE
International Test of English Proficiency

● iTEP®とは…
世界各国の企業、政府機関、アメリカの大学300校以上が、英語能力判定テストとして採用。オンラインによる90分のテストで文法、リーディング、リスニング、ライティング、スピーキングの5技能をスコア化。iTEP®は、留学、就職、海外赴任などに必要な、世界に通用する英語を総合的に評価する画期的なテストです。

www.itepexamjapan.com

---

### 英語で聞く世界を変えた女性のことば

2014年3月10日　第1刷発行
2018年2月9日　第2刷発行

著　者　　ニーナ・ウェグナー

解　説　　山久瀬洋二

発行者　　浦　　晋亮

発行所　　IBCパブリッシング株式会社
　　　　　〒162-0804 東京都新宿区中里町29番3号 菱秀神楽坂ビル9F
　　　　　Tel. 03-3513-4511　Fax. 03-3513-4512
　　　　　www.ibcpub.co.jp

印刷所　　株式会社シナノパブリッシングプレス
CDプレス　株式会社ケーエヌコーポレーションジャパン

© IBC Publishing, Inc. 2014

Printed in Japan

落丁本・乱丁本は、小社宛にお送りください。送料小社負担にてお取り替えいたします。
本書の無断複写(コピー)は著作権法上での例外を除き禁じられています。

ISBN978-4-7946-0265-7